영재들을 위한 상위10%

수학 바이러스 시즌1

④ 매쓰톤의 좌표

규칙성과 함수

수학 바이러스 시즌 1 - 4권

정완상 ⓒ, 2022

초판 1쇄 발행일 | 2022년 1월 15일

지은이 | 정완상
그린이 | 조윤영
발행인 | 박혜정

발행처 | 브릿지북스
출판등록 | 제 2021-000189 호
주소 | 경기도 고양시 일산서구 킨텍스로 284, 1908동 1005호
문의전화 | 070-4197-5228
팩스 | 031-946-4723
이메일 | harry-502@daum.net

ISBN 979-11-976702-4-4
　　　979-11-976702-8-2(세트)

영재들을 위한 상위10%

수학 바이러스

시즌1

4 매쓰톤의 좌표

규칙성과 함수

정완상 지음 | 조윤영 그림

BRIDGE Books
브릿지북스

 들어가는 말

셈짱! 초등 수학 정복하다

초등 수학! 어떻게 하면 완전 정복할 수 있을까요?

흔히들 기본에 충실하면 된다고들 말하지요. 수학 계산에 열을 올리다가 처음으로 문장제(문장으로 기술된 수학문제)를 접하게 되면 초등학생들은 어떻게 식을 세워야 할지 몰라 난감한 표정을 짓게 됩니다.

그래서 이번 시리즈를 준비해 보았습니다. 초등 수학의 대표적인 문장제 유형을 어우르는 재미있는 동화를 써 보는 것이 이번 기획이었지요. 어디서부터 시작할지, 어떤 스토리를 만들지 많은 고민을 했어요. 읽었던 수많은 동화들을 다시 읽으면서 수학 아이템을 어디에 어떻게 넣어야 할지 새로운 틀을 짜내는 것이 제일 힘든 일이었지요.

그러던 중 현재 고등학교에 다니는 제 아들이 초등학교 다닐 때 가장 좋아했던 만화영화 〈포켓몬스터〉가 떠오르더군요. 포켓몬스터 속에는 다양한 모습을 한 몬스터들이 등장해 어린아이들의 마음을 사로잡았죠. '그래, 이거야!' 하는 생각이 문득 들더군요. 그래서 수학 몬스터들과 주인공의 대결을 통해 독자에게 문장제를 완벽하게 이해시키는 방법을 택하기로 한 거지요.

제가 배경으로 택한 매쓰피아 왕국은 여러 몬스터들이 살고 있는 다섯 개의 섬에 둘러

싸여 있는 섬나라예요. 이 나라의 왕궁이 훤히 내려다보이는 매쏭 산에 열두 살짜리 천재 수학 소년 셈짱과 동갑내기인 말괄량이 마법 소녀 리나가 살고 있지요.

  이들을 주인공으로 하여 여러 수학 몬스터들과 어우러진 동화를 써 보는 것이 재미있겠다고 생각했어요. 그리고 초등 수학에 어떤 내용이 있는지를 알아보았지요. 그랬더니 초등 수학은 다음과 같은 다섯 개의 영역으로 크게 나눌 수 있었어요.

1. 수와 연산
2. 도형
3. 문자와 식
4. 규칙성과 함수
5. 확률과 통계

  그래서 각각의 영역을 한 권에 담은 〈수학 바이러스〉 시리즈를 완성하게 된 것이지요.

  이 책에서는 재미있는 수학 문제를 놓고 셈짱과 리나가 몬스터와 대결을 펼치는 과정을 그렸어요. 만일 수학 문제를 해결하지 못하면 무시무시한 몬스터들의 공격에서 벗어날 수 없는 긴장감도 도입했지요. 게다가 수학과 인문학과의 관계, 위대한 수학자들의 이야기들도 함께 넣었어요.

　다섯 권의 책을 서로 다른 스토리로 만들기 위해 많은 고민을 했어요. 새로운 아이디어가 잘 떠오르지 않을 때는 동심으로 돌아가기 위해 혼자 탱크나 비행기, 자동차 같은 프라모델을 조립해 사진을 찍어 daum에 있는 제 블로그 〈처음 하는 프라모델〉에 올리기도 했지요. 어린 시절의 마음으로 돌아가니 초등학생의 눈높이에 맞출 수 있는 아이디어가 술술 떠오르더군요. 그래서 이렇게 다섯 권의 책을 세상에 내놓게 되었어요.

　이 책을 통해 초등학생들이 수학의 다섯 개 영역의 대표적인 문장제를 마스터하여 수학에 대한 자신감을 가지게 된다면 저자로서는 큰 영광이에요. 또한 이 책을 읽는 초등학생에게 골치 아픈 문제를 스스로 재미있는 스토리로 꾸미는 훈련을 할 것을 부탁드려요. 문제를 해결하는 방법을 스토리로 만들어 전개해 나가다 보면 문장력도 늘고 창의력이나 논리력도 생기게 되니까요.

　끝으로 이 책이 나올 수 있도록 함께 고민한 브릿지북스 사장님께 감사의 말을 전합니다.

정완상

추천사를 부탁 받고 원고를 읽어 나가면서 나도 모르게 탄성을 질렀습니다. 왜냐하면 수학의 개념과 원리가 너무나도 자세하고 친절하게 설명되어 있었기 때문입니다.

처음에 등장하는 왓치몬에서부터 마지막의 스파이더몬에 이르기까지 재미있는 캐릭터들이 들고 나오는 문제들 속에서 학교나 교과서에서 배울 수 없는 알차고 재미있는 개념과 원리들을 접하게 됩니다. 또한 리나와 셈짱 동갑내기가 펼치는 흥미진진한 수학 모험이 원고를 단숨에 읽어 내려가게 만들었습니다.

아주 오래된 이야기지만 기원전에 알렉산드리아 대학에서 유클리드에게 기하학을 배우던 학생들 중에는 왕자도 있었습니다. 왕자가 좀 더 쉽게 배울 수 있는 방법을 묻자, 유클리드는 "기하학에는 왕도가 없습니다."라고 대답했다고 전해집니다.

기원전이든 지금이든, 알렉산드리아든 서울이든 이 대답에는 변함이 없을 것입니다. 하지만 수학을 재미있고 쉽게 가르치라는 요구가 거세지면서 요즘은 '재미있는 수학'이라는 제목을 내걸고 마치 하룻밤에 수학을 정복할 수 있는 듯이 유혹하는 책들을 어렵지 않게 찾아볼 수 있습니다.

그러나 수학은 결코 쉬운 학문이 아님은 자명한 사실입니다. 단지 쉽고 어려움은 수학을 공부하는 과정에서 달라질 수 있습니다. 그런 의미에서, 짜임새 있는 구성으로 수학의 원리와 개념을 재미있는 이야기의 형식을 빌려 전개해 나간 『수학 바이러스』는 우리의 수학적 호기심을 한 차원 높은 단계로 이끌어줄 것이며, 수학은 어려운 학문이지만 도전해 볼 만한 것이며 즐거움도 느낄 수 있는 학문임을 깨닫게 해줄 것입니다.

자, 이제 더 이상 수학을 두려워하지 말고 이 책 속에 나오는 재미있는 문제와 번뜩이는 아이디어를 함께 즐겨보시기 바랍니다.

홍선호

캐릭터 소개

⇧ **셈짱** : 열두 살 천재 수학 소년. 어릴 적에 매쏭 산에서 길을 잃고 헤매다 수학의 전설적인 인물인 수리도사의 수제자가 된다. 특출나게 수학문제 푸는 것을 좋아하고 오로지 수학만 좋아라 하는 평범한 소년.

⇧ **리나** : 수학꽝 마법 소녀이자 말괄량이인 수리도사의 손녀. 수학은 꽝이지만 책 읽기를 좋아해 아는 게 많다. 아직 마법의 입문 단계에 있는 다혈질의 새침한 소녀로, 인간 아빠와 요정 엄마 사이에서 태어나 인간과 요정의 장단점을 골고루 갖추고 있는 소녀.

⇧ **밸런스몬** : 얼굴이 저울 모양으로 생긴 몬스터로, 머리 위에는 물체를 올려놓을 수 있는 평평한 판이 붙어 있다. 밸로, 하몬, 미드몬, 몽키몬이 등장하여 육중한 몸무게를 자랑한다.

⊙ **뚜러몬**: 금이 많이 나는 골드 마을의 다섯 몬스터들. 코끼리처럼 긴 코를 이용해 금을 캐내어 직접 세공한다. 그러다가 불량 금화 사건이 터지자 자기들끼리 서로 범인이라며 싸움이 일어나는데······.

⊙ **왓치몬**: 타임 마을의 몬스터들로 얼굴에 시침과 분침을 갖고 있으며, 시간을 잘 지키기로 유명하다.

⊙ **그리모**: 은빛 날개를 가진 요정으로, 처음에는 길 잃은 소년 모습으로 셈짱과 리나 앞에 나타나 착한 마음씨를 가졌는지 시험한다. 그리모의 이상한 셈법으로 리나에게만 황금 동전을 몰아준다.

⊙ **로지 공주**: 어바리스 왕국의 무남독녀 외동딸. 우연히 거대한 수박에 깔려 있던 공주를 셈짱과 리나가 지레를 이용해 무사히 구출한다. 수학 실력도 뛰어나며 나중에는 공주의 도움으로 위험에 처한 리나를 구한다.

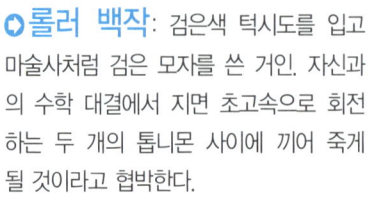

○**롤러 백작**: 검은색 턱시도를 입고 마술사처럼 검은 모자를 쓴 거인. 자신과의 수학 대결에서 지면 초고속으로 회전하는 두 개의 톱니몬 사이에 끼어 죽게 될 것이라고 협박한다.

○**토프**: 날카로운 톱처럼 생긴 몬스터. 토프의 도움으로 나무를 베어 로지 공주를 구한다.

○**퓨처도사**: 어바리스 왕국 최고의 마법사로, 미래를 볼 수 있는 능력을 갖고 있다. 바위 틈에서 살며, 셈짱과 리나에게 매쓰톤의 위치 좌표를 찾는 방법을 알려 준다.

○**스파이더몬**: 얼굴은 사람 모습이고 몸은 거미처럼 생긴 괴물. 거미처럼 여덟 개의 다리를 가졌지만 두 쌍의 날개가 있어 하늘을 날 수도 있다. 스파이더몬이 내는 문제를 맞히지 못해 셈짱은 거대한 탑에 갇히고 만다.

배경

수학을 사랑하는 매쓰피아 왕국은 평화롭고 아름다운 섬나라이다. 이 섬은 다섯 개의 섬으로 둘러싸여 있는데 각각의 섬에는 수학 몬스터들이 살고 있다. 매쓰피아 왕국의 뉴머 왕은 열두 살짜리 딸 로지아 공주를 혼자 키우며 백성들에게 사랑 받는 정치를 펼치고 있다. 로지아 공주는 모험을 좋아해 매쓰피아 왕국을 벗어나 밖으로 돌아다니기를 좋아하는데, 뉴머 왕은 공주가 사라질 때마다 노심초사하며 지낸다.

한편 매쓰피아 왕궁이 훤히 내려다보이는 매쏭 산에는 열두 살 난 천재 수학 소년 셈짱과 수학꽝인 리나라는 동갑내기 말괄량이 소녀가 살고 있다. 리나는 왕실 대표 수학자를 지내다가 매쏭 산에서 은둔하며 지내던 수리도사의 손녀이고, 셈짱은 수리도사의 수제자이다. 얼마 전 수리도사가 죽은 후 셈짱과 리나는 매쏭 산에서 함께 지내고 있는데, 셈짱은 수학을 좋아하는 반면 리나는 수학보다는 책읽기를 더 좋아한다. 이제 셈짱과 리나의 즐겁고 흥미진진한 수학 모험이 시작된다.

차례

들어가는 말 ★ 5
추천사 ★ 8
캐릭터 소개 ★ 10
배경 ★ 13

첫 번째 문제 _ 시계 ★ 16
타임 마을의 대혼란

두 번째 문제 _ 불량 금화 ★ 30
수학의 논리를 이용하라

세 번째 문제 _ 저울 위의 저울 ★ 41
뱀로의 몸무게

네 번째 문제 _ 비와 정비례 ★ 54
여덟 개의 칠면조 알

다섯 번째 문제 _ 반비례와 지레의 원리 ★ 65
거대한 우박에 깔린 로지

여섯 번째 문제 _ 톱니 ★ 76

수학자 롤러 백작과의 대결

일곱 번째 문제 _ 연비 ★ 83

독을 먹고 쓰러진 리나

여덟 번째 문제 _ 비례배분의 응용 ★ 95

어바리스 왕국과 퓨처도사

아홉 번째 문제 _ 비례식 ★ 106

공중도시에서 익사할 뻔한 셈쟝

열 번째 문제 _ 피보나치수열 ★ 119

매쓰톤의 좌표를 밝혀내다

부록 _ 심화학습 ★ 134

타임 마을의 대혼란

시계

"셈짱, 오늘은 시장에 나가서 먹을 것 좀 사오자."

리나가 아침부터 산자락이 떠나갈 듯 큰 소리로 말했다.

"그래그래! 요즘 매일 산나물만 먹었더니 기운이 하나도 없어. 시장에 가서 맛있는 반찬 좀 사자."

절벽에 앉아 아침 수련을 하고 있던 셈짱이 반갑게 대꾸했다.

두 사람은 양탄자를 타고 매쓰피아 왕국에서 가장 큰 다파라 시장으로 날아갔다. 두 사람은 다른 사람들이 눈치 채지 못하게 시장에서 조금 떨어진 인적이 드문 곳에 착륙하고는 시장으로 걸어 들어갔다. 마법의 존재를 잘 모르는 매쓰피아 왕국 사람들은

마법사를 몬스터처럼 여겼다.

"음~ 이 향긋한 냄새는 뭐지?"

셈짱이 두 눈을 감고 코를 실룩거렸다. 어디선가 갓 구운 구수한 빵 냄새가 풍겨 왔기 때문이다.

"냄새 죽이는데……. 좋아, 오늘 아침 식사는 아메리칸 스타일로 하자."

리나도 몹시 허기진 듯 셈짱의 말에 대꾸했다.

두 사람은 조그만 빵가게에 들어가 도넛 두 개를 주문했다. 도넛 한 개의 값은 정가가 1,000원이 매겨져 있었다. 리나는 주머니에서 10,000원을 꺼내 주인아주머니에게 건네주었다.

"11,000원 더 내."

주인아주머니가 정색을 하며 말했다.

"1,000원짜리 도넛 두 개면 합이 2,000원이고, 10,000원을 냈으니까 제가 오히려 8,000원을 거슬러 받아야지요."

리나가 따졌다.

"무슨 그런 계산이 있어? 한 개에 1,000원인 도넛 두 개의 값은 2×1000이니까 21,000원이 맞잖아? 우리 아들도 아는 셈인데……. 혹시 너희들 바보 아니냐?"

주인아주머니가 두 사람에게 호통을 치며 말했다.

"아주머니가 셈이 어두우신가 봐. 그냥 도와주는 셈 치고 드리고 가자. 우린 산속에만 있어서 돈 쓸 일도 별로 없잖아."

"좀 찜찜하지만 별 수 없네. 그러지 뭐."

리나는 썩 내키지는 않았지만 주머니에서 10,000원짜리 한 장과 1,000원짜리 한 장을 더 꺼내 주인아주머니에게 건넸다. 도넛 한 개에 10,500원인 셈이었다.

"세상에서 가장 비싼 도넛을 먹게 될 줄이야."

리나는 아직도 화가 덜 풀린 듯 투덜대며 도넛을 입에 넣었다. 도넛은 생각보다는 맛있었다.

"목이 마른데 콜라 좀 마시자."

셈짱이 보채듯 말했다. 너무 급하게 먹은 탓에 목이 막힌 듯했다.

두 사람은 가까운 음료수 가게로 가서 콜라 두 잔을 주문했다. 가격표에는 콜라 한 잔에 1,200원이라고 씌어 있었다. 리나는 여자 종업원에게 2,400원을 건넸다.

"콜라 두 잔의 값은 21,200원인데요."

여자 종업원이 고개를 갸우뚱거리며 말했다.

"어떻게 콜라 두 잔 값이 21,200원이죠?"

리나가 따지듯 물었다.

"한 잔이 1,200원이니 두 잔의 값은 2×1200이 되어 21,200원이 맞잖아요?"

콜라가게 여자 종업원도 도넛가게 주인과 똑같은 방식으로 계산했다.

"이상해……. 매쓰피아 왕국에 좋지 않은 일이 일어나고 있는 게 틀림없어. 곱셈이 이상해졌어."

리나는 일단 콜라 값을 지불한 뒤 셈짱의 팔을 잡아끌고는 시장 이곳저곳을 기웃거리면서 사람들이 거래하는 모습을 지켜보았다. 어떤 사람은 한 개에 100원 하는 사탕 다섯 개를 사면서 5,100원을 냈고, 또 어떤 사람은 한 개에 10,000원 하는 망치 다섯 개를 사면서 510,000원을 지불했다.

"연산법칙이 깨지고 있어."

셈짱이 놀라서 소리쳤다.

"어째서 이런 일이 일어난 거지?"

리나가 약간 떨리는 목소리로 되물었다.

"매쓰톤의 위치가 달라져서 그럴 거야."

"그게 뭔데?"

"매쓰톤은 전설로 내려오는 신비스러운 수학의 돌이야. 매쓰피아 왕국 남동쪽에 있는 어바리스국 어딘가에 있다고 들었는데 아마도 매쓰톤의 위치가 바뀐 것 같아. 매쓰톤의 위치가 달라지면 우주의 수학법칙에 일대 혼란이 온다고 들었어. 리나, 지금 이러고 있을 때가 아니야. 당장 어바리스국으로 가서 매쓰톤의 위치를 원래대로 해 놓지 않으면 이 혼란이 끝나지 않을 거야. 이런 식이라면 장사를 하는 사람들은 모두 부자가 되겠지만 물건을 사는 사람들은 돈에 쪼들리게 될 거야."

"어딘지도 모르는데 어떻게 찾지?"

"어바리스국에 가면 뭔가 정보를 얻을 수 있겠지. 위치를 모른다고 손 놓고 있을 수는 없잖아?"

셈짱의 말에 리나는 매쓰피아 왕국에 닥친 커다란 위기를 피부로 느낄 수 있었다.

"피지탄자!"

리나가 힘차게 주문을 외치자 양탄자가 나타났다. 두 사람은 양탄자를 타고 매쓰피아 왕국 남동쪽에 있는 어리바스국 입구에 도착했다. 어리바스국은 여러 개의 마을로 이루어져 있었고 마을

마다 고유의 몬스터들이 살고 있었다. 수도인 무시케성에는 몇 년 전에 아내를 잃고 혼자 딸을 키우는 왕이 살고 있었다.

두 사람이 처음 도착한 곳은 왓치몬들이 모여 사는 타임 마을이었다. 이 마을의 몬스터들은 모두 얼굴에 시침과 분침을 가지고 있는 시계였다. 왓치몬들은 서로의 얼굴을 보면서 그때그때의 시각을 정확히 알 수 있었다. 이 마을에는 움직이는 시계들이 수없이 많이 있는데, 여기서도 이상한 일이 벌어지고 있었다. 시계들이 이상을 일으킨 것이었다. 그로 인해 시간을 잘 지키기로 소문난 타임 마을은 일대 혼란이 일어났다. 이것 역시 매쓰톤의 위치가 달라져서 생긴 일이었다.

"지금은 분명 새벽 6시인데 왜 이렇게 깜깜한 거야?"

"며칠 전에는 밤 11시인데 대낮처럼 환하더라고."

"우주가 미친 거 아니야?"

"우린 시간에 맞춰서 일하는 게 몸에 배어 있는데 이러면 어떻게 일하라는 거지?"

왓치몬들이 타임 광장에 모여서 웅성거렸다. 모두들 서로의 시계 얼굴을 보며 혼란에 빠져 있는 눈치였다.

"무슨 일이에요?"

리나가 그들 중 가장 나이가 들어 보이는 왓치몬에게 정중하게 물었다.

"나는 타임 마을의 시장이오. 우리 왓치몬들은 시계 얼굴로 태어나 오랜 세월 동안 시간 맞춰 일하고 쉬고 잠자는 일에 익숙해 있소. 그런데 최근 들어 해와 달이 뜨는 시각이 우리의 시계가 가리키는 시각과 일치하지 않소. 도대체 무슨 영문인지 모르겠소."

시장이 한숨 섞인 목소리로 말했다.

그때 마침 시장의 얼굴이 1시 정각을 가리켰다. 리나는 마법으로 셈짱의 얼굴을 정확한 시계로 변신시켰다. 이제 누가 봐도 셈짱은 사람이 아니라 왓치몬이었다. 셈짱은 자신의 얼굴에서 째깍째깍 소리를 내면서 회전하는 시침과 분침을 보더니 "으악! 내 잘생긴 얼굴!" 하고 비명을 질렀다.

"조금만 참아. 실험이 끝나면 원래대로 복귀시켜 줄게."

리나는 셈짱을 살살 달랬다.

얼마 동안 리나는 시장과 이런저런 얘기를 나누면서 시간을 보냈다. 그 사이에 셈짱의 얼굴 시계와 시장의 얼굴 시계는 점점 서로 다른 시각을 가리키기 시작했다. 셈짱의 얼굴 시계가 2시가 되었을 때 시장의 얼굴 시계는 1시 55분을 가리켰다.

"당신들의 시계가 한 시간에 5분씩 느리게 가는군요. 일단 여러분의 하루 길이를 재조정할 필요가 있겠어요."

리나가 말했다.

"하루의 길이를 재조정하다니요?"

시장이 잘 이해가 가지 않는다는 얼굴로 물었다.

"정확한 시계가 1시간 흐르는 동안 당신들의 시계는 55분을 흐르게 되는 것이지요. 하루는 정확한 시계로 24시간이지요. 하지만 여러분의 시계는 55(분)×24(시간) = 1320(분)이 흐르게 되는 것이지요. 그러니까 자정에서 시작해 정확한 시계로 하루가 지나면 여러분의 시계는 밤 10시를 가리키게 되는 거예요. 따라서 여러분들의 하루는 정확한 시계의 시간 단위로 따지면 24시간이 아니라 22시간인 셈이에요. 매일 이렇게 두 시간씩 차이가 나니까 어떤 때는 낮이 한밤중처럼 깜깜하고 또 어떤 때는 밤이 대낮처럼 환한 거예요."

리나가 자세히 설명했다.

"그럼 어떻게 해야 하오?"

시장이 놀란 눈빛으로 애원하듯 물었다.

"매쓰톤의 위치가 달라져서 이런 혼란이 온 거예요. 앞으로는 두 시간씩 당겨서 하루의 끝을 알리는 종을 쳐야 해요. 그러니까 처음에는 밤 10시, 다음날은 저녁 8시, 그 다음날은 저녁 6시에 종을 치는 거지요. 여러분은 항상 자정에 자는 습관이 있으니까 종이 칠 때 잠을 자면 되고요. 그리고 불편하겠지만 당분간은 정확한 시계와의 환산표를 항상 시청 앞에 걸어 두고 지내야 할 거예요."

리나가 친절하게 방법을 알려 주었다. 그날 밤 셈짱의 얼굴 시계가 자정을 가리켰을 때 타임 마을의 모든 왓치몬들은 자신들의 얼굴에 붙어 있는 시침과 분침을 12시를 가리키도록 돌려놓았다. 그리고 첫 번째 종이 울렸다. 시장은 모든 왓치몬들에게 다음 종은 오늘 밤 10시에 울리겠다고 말했다. 불편하지만 이 방법밖에는 없었다. 왓치몬의 얼굴 시계를 원래대로 복구하기 위해서는 한시라도 빨리 매쓰톤을 찾아내야 했다.

"리나, 내 얼굴 돌려 줘!"

셈짱이 울먹거리며 말했다.

"아참! 까먹고 있었네!"

리나는 호호 웃으며 마법의 힘으로 셈짱의 얼굴을 원래대로 만들어 주었다. 셈짱은 자신의 볼을 꼬집어 보더니 시침과 분침이 없어진 것을 확인하고는 그제야 마음을 놓았다.

"휴~ 이제 사람의 모습이 되었네. 그런데 리나, 너 대단하던데? 이젠 나 없이도 수학 문제를 척척 풀고 말이야."

셈짱이 약간 비아냥거리는 투로 말했다.

"왜 이래! 나도 한 수학 한다고. 내 몸에는 왕국 최고의 수학자인 수리도사님의 피가 흐르잖아."

리나가 어깨를 으쓱거리며 말했다.

"좋아! 그렇다면 시계랑 관련된 다른 문제를 내 볼게."

"좋을 대로……."

"두 개의 시계가 있어. 하나는 하루에 40초씩 늦게 가고, 하나는 하루에 24초씩 빨리 가. 오늘 오전 9시에 두 시계를 같은 시각에 맞추어 놓았다면 두 시계의 시각의 차가 8분이 될 때는 며칠 후 몇 시일까?"

"끙……."

리나가 신음 소리를 냈다. 도무지 감이 잡히지 않아서였다.

"항복! 난 아직 그렇게 복잡한 문제는 자신 없어."

리나가 손사래를 치며 말했다.

"간단해. 두 시계는 하루에 얼마씩 차이가 나지?"

셈짱이 싱긋 웃으며 말했다.

"24초 빠르고 40초 느리니까 24＋40＝64(초)지."

"그렇다면 이 문제는 다 푼 셈이야. 8분을 초로 고치면 8×60＝480(초)이 되잖아. 480÷64＝7.5니까 480초의 차가 생기려면 7.5일이 흘러야 해. 즉, 7일이 흐르고 다시 12시간이 흘러야겠지. 그러니까 오늘 오전 9시에서부터 7일 12시간 후는 7일 후 오후 9시가 되는 거야."

"간단한 문제였구나."

"맞아, 네가 너무 어렵게 생각한 것뿐이야."

셈짱과 리나는 서로의 얼굴을 쳐다보고는 싱긋 웃었다.

"그런데 궁금한 게 있어. 왜 한 시간을 60분, 1분을 60초로 정한 거지? 한 시간을 100분으로 하면 더 편리하잖아?"

리나가 호기심 어린 눈빛으로 물었다.

"아주 오랜 옛날에 바빌로니아라는 나라가 있었어. 바빌로니아 사람들은 60이라는 수를 신비의 수라고 여기고 이를 자주 사용했지. 별을 관측하기 좋아했던 바빌로니아 사람들은 1년을 60의 여섯 배인 360일로 정할 정도로 60이라는 수를 좋아했는데 이로 인해 한 시간을 60으로 나눈 시간을 분으로, 1분을 60으로 나눈 시간을 초로 정했다는 설이 가장 유력해."

셈짱이 설명했다.

"왜 하고 많은 수 중에서 하필이면 60이지?"

"그건 60이 많은 약수를 가지고 있기 때문이야. 60은 2, 3, 4, 5, 6, 10, 12, 15, 20, 30과 같이 여러 개의 수로 잘 나누어떨어지기 때문이지."

"글쿤!"

리나가 고개를 끄덕거렸다.

수학의 논리를 이용하라

불량 금화

두 사람이 방문한 두 번째 마을은 금이 유난히 많이 나서 골드 마을이라는 이름을 가지고 있는 곳이었다. 이 마을에는 딸랑 다섯 명의 뚜러몬들이 살고 있었다. 뚜러몬들은 코가 코끼리처럼 길게 생겼는데, 코끼리의 코처럼 흐느적거리지 않고 단단하며 끝이 뾰족해 땅속을 파기에 적합한 구조로 되어 있었다. 이들은 자신들의 특수한 코를 이용해 광산에서 금을 캐내어 각자의 공방에서 세공하여 금화를 만들어 냈다. 뚜러몬들은 자신들이 만든 금화를 다른 나라에 수출하여 호화로운 생활을 누릴 수 있었다.

"우와! 말로만 듣던 골드 마을이네."

셈짱은 순금으로 만들어진 다섯 채의 집을 바라보며 부러움에 탄성을 질렀다. 다른 나라에서는 반지나 목걸이 등 귀한 보석을 만드는 데 쓰이는 금이 이곳에서는 얼마나 흔한지 모든 것이 금으로 되어 있었다. 심지어 마을의 공동 쓰레기통이나 새집도 모두 순금이었으니까.

셈짱과 리나가 골드 마을의 광장으로 들어섰다. 그곳에는 순금으로 만든 아름다운 조각상들이 있고, 중앙에는 순금 분수대가 눈부신 빛을 내며 물을 힘차게 뿜어 올리고 있었다.

"대체 누가 속인 거야?"

"난 아니라니까."

"그럼 누구야?"

"그걸 어떻게 알아?"

"아무튼 분명 우리 다섯 중 하나야."

광장 한복판에서 다섯 명의 뚜러몬이 코를 곤추세우고는 격렬하게 말싸움을 하고 있었다.

"무슨 일이 있나요?"

셈짱이 그들 중 한 뚜러몬에게 물었다.

"우리 다섯 중에 누군가가 불량 금화를 만들어 내고 있어요.

그런데 그게 누군지 알 수가 없어요."

뚜러몬 중 하나가 말했다.

"불량 금화의 기준이 뭐죠?"

"우리가 만드는 금화는 모두 무게가 100그램으로 일정해야 해요. 그런데 누군가가 1그램 모자라는 99그램짜리 금화를 만들고 있어요. 우리가 수출하는 금화 자루에 이런 불량 금화가 섞여 있어 다른 나라에서 더 이상 우리의 금화를 수입하지 않겠다고 하잖아요. 어떤 놈이 이런 치사한 짓을 하는지 반드시 밝혀내야 한다고요."

"함부로 말하지 마. 네가 범인인지도 모르잖아?"

다른 뚜러몬이 시비를 걸었다.

"각자가 만든 금화의 무게를 저울로 재 보면 되잖아요?"

셈짱이 거칠게 서로의 코를 밀어대는 두 몬스터를 뜯어말리며 말했다. 그러다가 두 뚜러몬의 송곳 같은 코 사이에 낄 뻔한 셈짱은 놀라서 뒷걸음질을 쳤다.

"휴우! 코에 찔려 죽을 뻔했네."

셈짱의 뒷목이 땀으로 흥건히 젖어 있었다.

"저울이 있기는 한데 단 한 번만 무게를 잴 수 있어요."

또 다른 뚜러몬이 말했다.

"걱정 마세요. 셈의 천재 셈짱이 여러분의 문제를 반드시 해결해 줄 거예요."

리나가 셈짱을 쳐다보며 말했다.

"근데 무게를 한 번만 달아서 불량 금화를 만들어 낸 뚜러몬을 알아낼 수 있을까?"

리나가 고개를 갸웃거리며 물었다.

"가능해. 리나, 다섯 뚜러몬의 몸에 1부터 5까지의 숫자를 새겨 줘."

셈짱이 말했다.

리나는 셈짱이 시키는 대로 그들의 몸에 숫자를 새겨 주었다. 지금까지는 이름이 없는데다 모습도 똑같아 서로를 구별할 수 없었던 다섯 명의 뚜러몬들끼리 서로를 구별할 수 있는 방법이 생긴 것이다.

"이제부터 여러분들의 몸에 씌어 있는 수가 여러분의 이름이에요. 1이 씌어져 있는 뚜러몬은 뚜러몬 원, 2가 씌어 있는 뚜러몬은 뚜러몬 투, 이런 식으로 이름을 부르면 돼요."

리나가 설명했다.

"우와! 우리에게 드디어 이름이 생겼어. 내 이름은 뚜러몬 포야."

몸에 4라는 숫자가 씌어 있는 뚜러몬이 신이 난 얼굴로 말했다. 코까지 들썩거리는 것으로 보아 무척이나 마음에 드는 모양이었다.

"좋아요. 이제 자신의 번호만큼의 금화를 가지고 오세요. 뚜러몬 원은 금화 한 개, 뚜러몬 투는 금화 두 개, 마지막으로 뚜러몬 파이브는 다섯 개의 금화를 가져오면 돼요."

셈짱이 근엄한 표정으로 말했다.

다섯 명의 뚜러몬은 각자의 집으로 돌아가 셈짱이 시킨 대로 금화를 가져왔다.

셈짱 앞에 열다섯 개의 금화가 놓였다. 셈짱은 열다섯 개의 금화를 단 한 번만 무게를 잴 수 있는 저울 위에 올려놓았다.

저울의 눈금이 돌아가더니 1496그램에서 멈추었다.

"범인은 뚜러몬 포예요."

그러자 뚜러몬 포가 몸을 부들부들 떨며 말했다.

"잘못했어요."

뚜러몬 포는 흐느껴 울면서 자신의 잘못을 시인했다.

"어떻게 열다섯 개의 금화 무게만 재 보고 뚜러몬 포가 범인이라는 걸 알았지? 그냥 느낌으로 맞힌 거 아니야?"

리나가 잘 이해가 가지 않는다는 듯 고개를 흔들며 물었다.

"무슨 소리! 수학의 논리를 이용한 거야."

셈짱이 리나의 머리를 쥐어박으며 말했다.

"어떤 논리?"

"만일 불량 금화가 하나도 없으면 다섯 뚜러몬이 가지고 온 금화는 모두 100그램짜리여서 금화의 무게는 1500그램이 돼. 그런데 뚜러몬 원이 범인이라면 뚜러몬 원의 금화는 99그램이고, 금화의 개수는 한 개이니까 1500그램에서 1그램 부족한 1499그램이 되지. 마

찬가지로 뚜러몬 투가 범인이면 두 개의 불량 금화가 섞여 있으니까 전체 무게는 1498그램이 되는 거야."

셈짱은 이렇게 말하고는 마법 칠판에 각각의 경우를 표로 만들어 정리해 주었다.

범인	불량 금화의 수(개)	다섯 몬스터가 가져온 금화 열다섯 개의 무게(그램)
뚜러몬 원	1	1499
뚜러몬 투	2	1498
뚜러몬 쓰리	3	1497
뚜러몬 포	4	1496
뚜러몬 파이브	5	1495

"그러니까 이 방법을 쓰면 누가 불량 금화를 만들어 냈는지 저울을 한 번만 사용하고도 알 수 있어."

셈짱이 싱긋 웃어 보이며 말했다.

"무게랑 관련된 재미있는 문제 하나 더 내 볼까?"

"뭔데?"

리나가 관심 있는 듯 눈을 반짝이며 물었다.

"여덟 개의 구슬이 있어. 구슬들은 크기도 같고 모양도 같아. 그런데 이 중 하나의 구슬만 다른 구슬보다 무겁다고 할 때, 양팔저울을 두 번만 써서 무거운 구슬을 골라낼 수 있는 방법을 알아맞혀 봐."

"양팔저울에 네 개씩 올려놓으면 되지 않을까? 그러면 무거운 구슬이 포함된 쪽이 내려가잖아."

"그 다음에는?"

"무거운 구슬이 포함된 네 개의 구슬을 양팔저울에 두 개씩 올려놓으면 다시 무거운 구슬이 있는 쪽이 내려갈 거 아냐."

"그러면 무거운 구슬이 포함된 두 개의 구슬 중에서 무거운 구슬을 찾기 위해 저울을 한 번 더 사용해야 하잖아?"

"그렇구나."

리나가 풀 죽은 목소리로 말했다.

"방법은 여덟 개 중에서 아무거나 여섯 개를 골라서 세 개씩 양팔저울에 올려놓으면 돼."

셈짱이 싱긋 웃으며 말했다.

"어째서?"

"만일 저울이 수평을 이루면 저울에 올려놓지 않은 두 개의 구슬 중에 무거운 구슬이 있는 거니까 두 개의 구슬을 저울로 재면 무거운 구슬을 찾을 수 있어."

"저울이 수평을 이루지 않으면?"

"그때는 내려간 세 개의 구슬 중에 무거운 구슬이 있겠지. 그러면 그 세 개의 구슬 중에서 아무거나 두 개의 구슬을 골라 저울로 재면 돼. 이때 저울이 수평을 이루면 올려놓지 않은 구슬이 무거운 구슬이고, 만일 저울이 수평을 이루지 않으면 내려간 쪽의 구슬이 바로 무거운 구슬이야."

셈짱이 진지하게 설명을 마쳤다.

"정말 신기하다. 그런데 어디서 들은 기억이 나는데, 부등식이 뭐야?"

리나가 물었다.

"등호(=)를 사용한 식을 '등식'이라고 하고, 부등호(<, >)를 사용한 식을 '부등식'이라고 해. 예를 들어, 1+3은 4와 같으니까 1+3=4라는 등식으로 나타낼 수 있지. 또 1+3과 2를 비교하면 1+3이 더 크니까 1+3>2라고 나타내는데, 이때 부등호 기호는 벌어진 쪽의 수가 더 크다는 것을 뜻해. 이렇게 부등호 기호를 사용한 식을 부등식이라고 하지."

셈짱이 쉽게 설명해 주었다.

"부등호 기호는 누가 만들었는데?"

"17세기에 영국의 수학자 토머스 해리엇이 만들었어. 당시에는 대소 관계를 나타내는 기호로 여러 가지가 사용되었는데, 해리엇이 자신의 책에 처음으로 >와 <을 소개했지."

"모든 기호에는 처음 만든 사람이 있었구나. 그렇다면 나도 기호 하나를 만들어야겠어."

리나는 이렇게 말하고는 마법 칠판에 '리나] 셈짱'이라고 썼다.

"그게 뭔데?"

셈짱이 어리둥절한 표정으로 물었다.

"]은 인간성이 더 좋은 사람을 나타내는 기호야. 벌어진 쪽이 인간성이 더 좋은 사람이지."

"헐!"

어이없다는 듯 셈짱의 입에서 가벼운 탄식소리가 흘러나왔다.

밸로의 몸무게

저울 위의 저울

두 번째 마을에서도 매쓰톤의 위치에 대한 조그마한 힌트 하나 얻을 수 없었다. 하는 수 없이 두 사람은 다음 마을을 향해 떠났다. 하늘에는 오렌지 빛 태양 두 개가 마주보고 떠 있었고, 하늘 전체가 엷은 핑크 빛으로 눈부시게 빛나고 있었다.

"어디로 가는 거지?"

셈짱이 호기심 어린 눈빛으로 물었다.

"곧 웨이트 마을이 나타날 거야."

리나가 내비볼을 들여다보며 말했다. 마법의 내비게이션 기능이 있는 투명 구슬인 내비볼에는 지도상에 있는 모든 지역을 찾

아가는 상세한 도로가 나타나 있었다.

"웨이트 마을?"

셈짱은 마을 이름이 낯설어 다시 물었다.

"그곳엔 밸런스몬들이 살고 있어."

리나가 말했다.

"어떤 몬스터들이지?"

"얼굴이 저울 모양으로 생긴 몬스터들이야. 밸런스몬의 위에 올라타면 정확한 무게를 잴 수 있어."

"지난번엔 얼굴이 시계더니 이번에는 저울이군."

셈짱은 어바리스국의 몬스터들에 대해 신비감을 느꼈다. 아직까지는 사악한 몬스터들을 만난 적이 없어 한편으로는 안도하는 표정이었다.

"내 몸무게를 알고 싶어."

누군가 울먹거리며 말하는 소리가 들렸다. 밸런스몬이었다. 얼굴에 저울이 있고, 머리 위에는 물체를 올려놓을 수 있는 평평한 판이 붙어 있었다. 또 귀가 있어야 할 위치에 짧은 두 팔이 붙어 있고, 작달막한 두 다리를 가지고 있는 전형적인 숏다리 몬스터였다.

"무슨 일이죠?"

리나가 울고 있는 밸런스몬에게 다가가 다정하게 물었다.

"내 이름은 밸로예요. 나는 남의 무게는 재 줄 수 있는데 내 몸무게는 몰라요."

밸로가 눈물을 뚝뚝 흘리며 말했다.

"몸무게는 왜 알아야 하죠?"

"한 시간 뒤에 측정주식회사에서 면접이 있거든요. 측정주식회사는 외국에서 들여온 물건들의 정확한 무게를 재는 일을 하는데, 우리 밸런스몬들은 누구나 그 회사에 들어가는 것이 소원이에요. 다행히 서류 전형은 통과했는데 내일 면접을 받으려면 이력서에 몸무게를 적어야 해요. 그런데 난 한 번도 몸무게를 잰 적이 없거든요."

"다른 밸런스몬의 머리 위에 올라타면 되잖아요? 그러면 밑에 있는 밸런스몬에 당신의 몸무게가 나타날 거예요."

"그런 방법이 있었군요?"

밸로의 눈이 휘둥그레지더니 눈물을 뚝 그쳤다. 눈가에는 살짝 눈웃음을 짓고 있었다.

"밸로가 몸무게를 잴 수 있게 우리가 도와주자."

하마정육점 가격표
소항심 100g 5000원

 셈짱이 두 사람의 대화에 끼어들었다.
 "그럴까? 착한 일 한번 해 봐야지?"
 리나가 두 팔을 뒤로 젖히고는 몸을 푸는 동작을 취하며 말했다.
 두 사람과 밸로는 다른 밸런스몬들이 모여 있는 곳으로 갔다. 나무 위에 매달려 있는 작은 밸런스몬부터 하마처럼 체구가 큰 밸런스몬까지 크기가 아주 다양했다.
 "하마처럼 덩치가 큰 밸런스몬의 머리 위에 밸로가 올라타면 되겠어."

리나가 커다란 밸런스몬 쪽으로 다가가며 말했다.

"쟤는 밸런스몬 중에서 몸집이 가장 크고, 이름은 하몬이에요."

밸로가 말했다.

"좋아요. 그럼 하몬 위에 올라타요. 그러면 우리가 하몬의 얼굴에 적힌 눈금을 읽을게요. 그게 당신의 몸무게예요."

리나가 말했다.

밸로는 기대에 찬 표정으로 바닥에 앉아 있는 하몬을 향해 다가갔다. 밸로가 하몬의 머리 위에 올라탄 순간 갑자기 주위에서 놀고 있던 다른 두 밸런스몬이 잇따라 밸로의 머리 위에 올라탔다.

"미드몬, 내려! 내 몸무게를 재야 한단 말이야."

밸로가 성난 얼굴로 자신의 머리 바로 위에 올라탄 미드몬에게 말했다.

"무슨 소리! 나는 한 번 저울에 올라타면 세 시간을 자는 게 기본이야. 그리고 내 머리 위에도 몽키몬이 타고 있어. 몽키몬에게 먼저 내리라고 말해."

미드몬은 이렇게 말하고는 금세 코를 골기 시작했다. 밸로보다 몸집이 조금 작은 미드몬이 밸로의 머리 위에 타고 있고, 미드몬의 머리 위에는 체구가 아주 작은 몽키몬이 타고 있었다.

졸지에 밸로는 밸런스몬들 사이에 낀 상태가 되었다.

"그럼 내 몸무게는 어떻게 재야 하지?"

밸로가 울먹거리며 말했다.

"밸로, 걱정 마요. 당신의 몸무게를 계산해 줄게요."

셈짱이 밝은 목소리로 말했다.

"저울의 눈금이 돌아갔어. 하지만 몽키몬의 눈금은 0을 가리키는데?"

리나가 신기한 듯 소리쳤다.

"밸런스몬은 자신의 머리 위에 있는 물체의 무게를 잴 수 있어. 몽키몬의 머리 위에는 아무것도 타고 있지 않기 때문에 0을 가리키는 거야."

셈짱이 설명했다.

"그럼 밸로의 눈금이 50을 가리키니까 미드몬의 몸무게는 50킬로그램인가?"

리나가 동의를 구하듯 셈짱을 쳐다보며 말했다. 셈짱

은 고개를 가로젓더니 천천히 말했다.

"그렇게 간단한 문제가 아니야. 차근차근 생각해야 해. 우선 맨 위에 있는 몽키몬의 몸무게는 바로 아래 있는 미드몬이 가리키고 있는 20킬로그램이야. 미드몬의 눈금을 변하게 하는 것은 자신의 머리 위에 있는 물체의 무게이기 때문이지."

셈짱은 이렇게 말하고는 다음과 같이 썼다.

몽키몬의 무게 = 20kg

그러고는 다시 말을 이었다.

"밸로가 50킬로그램을 가리키지? 밸로의 머리 위에 있는 건 뭐지?"

"미드몬."

"몽키몬도 있잖아?"

"아하!"

리나가 오른손으로 자신의 머리를 가볍게 때렸다. 셈짱은 싱긋 웃더니 리나에게 말했다.

"그러니까 미드몬과 몽키몬의 무게의 합이 바로 밸로가 가리키는 50킬로그램이야."

셈짱은 이렇게 말하고는 다음과 같이 썼다.

몽키몬의 무게 + 미드몬의 무게 = 50kg

"몽키몬의 무게가 20킬로그램이니까 미드몬의 무게는 50 - 20 = 30(kg)이 되는 거네."

리나가 밝게 미소 지으며 말했다.

"그렇지. 같은 방법을 적용하면 하몬이 가리키는 90킬로그램은 하몬의 머리 위에 있는 물체의 무게니까 몽키몬, 미드몬, 밸로의 몸무게의 합이 되는 거지."

셈짱은 이렇게 말하고는 다음과 같이 썼다.

몽키몬의 무게 + 미드몬의 무게 + 밸로의 무게 = 90kg

"몽키몬의 무게와 미드몬의 무게의 합이 50킬로그램이니까 밸로의 무게는 90 - 50 = 40(kg)이야."

리나가 어깨를 으쓱거렸다. 정답을 확신한 듯한 표정이었다.

"맞아. 밸로의 몸무게는 40킬로그램이야."

셈짱이 씨익 웃으며 말했다.

"우와! 드디어 내 몸무게를 알았다."

밸로가 신난 표정으로 하몬의 머리 위에서 위로 껑충 뛰어 올랐다. 순간 밸로의 머리 위에서 곤히 자고 있던 미드몬과 미드몬의 머리 위에서 자고 있던 몽키몬은 졸지에 바닥에 떨어졌다. 하지만 밸로는 그들을 챙길 시간이 없었다. 잽싸게 이력서에 자신의 몸무게를 적더니 총총걸음으로 측정주식회사를 향해 뛰어갔다.

"리나, 이 문제와 비슷한 논리의 문제가 뭔지 알아?"

"글쎄······."

리나가 머리를 긁적였다.

"저울 위 저울 문제에서는 자신의 무게와 자신의 위에 올라탄 물체의 무게가 더해져서 자신의 아래쪽 저울에 무게가 나타나잖아? 이것과 비슷한 논리의 문제로는 물의 무게만 재는 문제를 들 수 있어. 리나, 콜라가 가득 채워져 있는 콜라병과 저울을 부탁해."

잠시 후 뚜껑이 열려 있는 콜라병과 저울이 나타났다.

"리나, 콜라의 무게만 재 봐."

셈짱의 말이 끝나기가 무섭게 리나는 콜라병을 거꾸로 들어 저울 위에 부으려고 했다.

"잠깐만!"

셈짱의 말에 리나는 하던 동작을 멈추었다. 아직 콜라는 밖으로 한 방울도 흘러내리지 않았다.

"그렇게 하면 콜라 같은 액체는 저울 위에서 흘러내려 바닥에 죄다 떨어지잖아."

셈짱이 큰 소리로 말했다.

"그럼 어떻게 콜라의 무게만 재?"

리나가 신경질적으로 말했다.

"콜라가 담긴 콜라병의 무게를 먼저 재."

셈짱의 말이 끝나기가 무섭게 리나는 콜라가 담긴 병의 무게를 저울로 쟀다. 저울은 2329그램을 가리켰다.

"이번에는 콜라를 모두 비우고 빈 병의 무게만 재 봐."

셈짱이 시키는 대로 리나는 콜라를 단숨에 마시고 빈병을 저울에 달았다. 저울은 600그램을 가리켰다.

"됐어. 콜라를 채운 콜라병의 무게는 콜라의 무게와 빈병의 무게의 합이라고 할 수 있어. 여기서 빈병의 무게를 빼면 콜라의 무게를 알 수 있지. 이 문제에서 콜라의 무게는 2329−600=1729(그램)가 되는 거야. 어때, 저울 위의 저울 문제와 비슷하지?"

"그렇구나."

리나는 싱긋 웃었다.

"가만, 저울이 신비로운 수를 나타내고 있어."

셈짱이 저울 눈금을 예사롭지 않은 눈빛으로 바라보며 말했다.

"뭐가 신비로운 수라는 거야?"

리나도 고개를 숙여 저울 눈금을 쳐다보았다.

"1729."

"그 수가 왜?"

"이 수는 세제곱수 두 개의 합으로 표현할 수 있어. 이것을 처음 찾아낸 사람은 20세기 초 인도의 천재 수학자인 라마누잔이야."

"세제곱이 뭔데?"

"2를 두 개 곱하는 것을 2의 제곱이라고 하고 2^2이라고 써. 이것은 2×2를 나타내지. 마찬가지로 2를 세 개 곱하는 것을 2의 세제곱이라고 하고 2^3이라고 써. 이것은 $2 \times 2 \times 2$가 되지. 그런데 1729는 다음과 같이 세제곱수 두 개의 합으로 나타낼 수 있어.

$$1729 = 1^3 + 12^3 = 9^3 + 10^3$$

어때, 신기하지?"

셈짱이 미소를 지으며 말했다.

"신기하긴 하네. 아무 규칙도 없을 것 같은 수가 규칙을 나타낸다는 게……."

리나가 신기한 듯 밝은 목소리로 대답했다.

여덟 개의 칠면조 알

비와 정비례

두 사람은 다시 길을 걸었다. 하늘은 맑았고 태양빛이 눈이 부실 정도로 강렬했다.

"배고파 미치겠다."

셈짱이 손으로 배를 움켜잡고는 하소연하듯 말했다.

"나도 배고파 죽겠어. 풀이라도 뜯어 먹고 싶어."

리나가 투덜대듯 말했다.

"우리가 염소냐? 풀을 뜯어 먹게?"

"그럼 어떡해. 먹을 게 하나도 보이지 않잖아."

"가만! 저게 뭐지?"

셈짱이 풀밭 한가운데 있는 하얗게 빛나는 물체를 가리키며 말했다.

"글쎄, 달걀 같기도 하고……."

리나는 이렇게 말하고는 셈짱이 가리킨 곳으로 달려갔다. 그곳에는 달걀보다는 조금 큰 새알이 여덟 개 있었다.

"왕달걀이야!"

리나가 반가운 듯 소리쳤다.

뒤따라온 셈짱은 리나가 손에 들고 있는 새알을 유심히 살펴보더니 고개를 가로저으며 말했다.

"이건 달걀이 아니라 칠면조 알이야."

"칠면조 알? 이것도 먹을 수 있어?"

"물론이지."

셈짱의 말이 끝나기가 무섭게 리나는 손에 쥘 수 있는 만큼 칠면조 알을 움켜쥐었다. 모두 다섯 개였다. 셈짱도 놓칠세라 남아 있는 세 개의 칠면조 알을 집어 들었다.

"이건 불공평해. 똑같이 네 개씩 나눠 먹어야지."

셈짱이 투덜거렸다.

"먼저 집은 사람에게 소유권이 있는 거야."

리나가 싱글벙글 웃으며 말했다.

"내가 먼저 발견했잖아!"

"구슬이 서 말이라도 꿰어야 보배라고 했어. 먼저 발견하면 뭐해. 먼저 달려와서 알을 주운 사람이 임자지. 내가 워낙 마음씨가 착해 세 개나 남겨 놓은 거니까 오히려 나한테 고마워해야 하는 거 아니야?"

"쳇! 그럼 불은? 날것으로 먹을 수는 없잖아."

셈짱이 세 개의 칠면조 알을 조심스럽게 만지작거리며 말했다.

"파이파이어!"

리나가 힘차게 소리쳤다. 그러자 두 사람 앞에 조그만 모닥불이 피어올랐다. 두 사람은 각자 들고 있던 칠면조 알을 불 속에 넣고는 침을 꿀꺽 삼키며 알이 잘 구워질 때까지 기다렸다. 잠시 후 알 껍질이 검게 변하기 시작하자 리나는 마법으로 불을 껐다. 그러자 지지직 소리를 내면서 장작은 온데간데없이 사라지고 검게 구워진 여덟 개의 알만이 눈앞에 나타났다.

"이때다!"

셈짱은 새알을 한 개 더 차지하기 위해 네 개의 새알을 두 손으로 움켜잡았다.

"앗! 뜨거!"

손에서 연기가 모락모락 나자 셈짱은 쥐고 있던 새알을 바닥에 내동댕이치고는 손에 입김을 호호 불었다.

"그거 쌤통이다. 과욕은 금물이라고 했잖아."

리나는 키득거리며 양손에 면장갑을 끼고 다섯 개의 칠면조 알을 집었다. 그러고는 그중 하나의 껍질을 조심스럽게 벗겨냈다. 구운 달걀보다 조금 큰 하얀 칠면조 알이 모습을 드러내자 두 사람은 동시에 군침을 꿀꺽 삼켰다. 두 사람은 각자의 칠면조 알의 껍질을 벗겨내 리나가 마법으로 만든 두 개의 접시 위에 올려놓았다. 물론 리나의 접시에는 다섯 개, 셈짱의 접시에는 세 개의 칠면조 알이 놓였다.

두 사람이 칠면조 알을 하나씩 먹으려는 순간, 갑자기 어디선가 소년의 힘없는 목소리가 들렸다.

"저도 좀 주세요. 며칠째 아무것도 못 먹었어요."

소년은 길을 잃었는지 옷이 걸레처럼 해졌고, 얼굴도 며칠째

세수 한 번 하지 않은 듯 지저분했다.

"리나, 먹을 것 좀 나눠 주자."

셈짱이 소년을 측은해하며 리나에게 말했다.

"그렇게 해."

리나도 소년이 불쌍해 보였는지 셈짱의 제안에 선뜻 동의했다. 세 사람은 둥그렇게 앉아 하나의 알을 3등분하여 한 토막씩 먹는 방식으로 여덟 개의 칠면조 알을 똑같이 나누어 먹었다. 알이 커서 그런지 소년에게 나누어 주었는데도 충분히 배가 불렀다.

"고마워! 나는 숲속의 요정인 그리모야."

소년이 방긋 웃으며 말했다.

"남자 요정도 있어?"

리나가 의아해하며 물었다.

"물론이지. 착한 마음씨를 가지고 있는지 테스트해 본 거야. 너희들은 정말 착한 마음씨를 가졌구나. 그런 의미에서 내가 선물을 줄게."

그리모는 이렇게 말하고는 갑자기 은빛 날개가 달린 요정의 모습으로 변신하여 두 사람의 눈앞에 떠 있었다. 그리모는 여덟 개의 황금 동전을 갖고 있었는데, 동전 일곱 개를 리나에게 주고 나머지 하나를 셈짱에게 주었다.

"왜 리나에게만 많이 주는 거지?"

셈짱이 투덜거리며 물었다.

"난 공정하게 나누어 준 거야."

그리모가 날개를 팔랑거리며 말했다.

"뭐가 공정해?"

"리나는 처음에 다섯 개의 알을 가지고 있었고 셈짱 넌 세 개의 알을 가지고 있었잖아? 그런데 여덟 개의 알을 우리 셋이 똑같이 나누어 먹었으니까 한 사람이 먹은 양은 $8 \div 3 = \frac{8}{3} = 2\frac{2}{3}$(개)야. 그런데 셈짱 넌 세 개의 알을 가지고 있었는데 네가 먹은 게 $2\frac{2}{3}$개니까 나한테 $3 - 2\frac{2}{3} = \frac{1}{3}$(개)의 알을 준 거지. 그리고 리나는 다섯 개를 가지고 있었는데 자신이 먹은 것은 역시 $2\frac{2}{3}$개니까 나한테 $5 - 2\frac{2}{3} = 2\frac{1}{3}$(개)을 준 거지. 그러니까 나는 셈짱에게 $\frac{1}{3}$개를 빚졌고 리나에게는 $2\frac{1}{3}$개를 빚진 거야. $2\frac{1}{3} = \frac{7}{3}$은 $\frac{1}{3}$의 7배이니까 내가 가지고 있는 금화를 리나에게 일곱 개, 셈짱 너에게 한 개를 주는 것이 공정한 거야."

"헐! 듣고 보니 그렇군!"

셈짱은 하는 수 없이 그리모의 결정을 받아들였다. 리나는 그리모에게 윙크를 하고는 일곱 개의 금화를 만지작거리면서 기쁜 표정을 지었다.

"자! 이번에는 '비'에 대한 강의를 할까 하는데."

셈짱이 길을 걸으며 리나에게 말했다.

"또 수업이야? 피곤한데 그냥 가면 안 돼?"

리나가 뾰로통한 얼굴로 대꾸했다.

"그건 안 될 말씀. 오늘 수업은 비에 대한 거야."

"비? 하늘이 이렇게 맑은데 웬 비?"

"하늘에서 내리는 비가 아니라 수학에서 정의하는 비를 말하는 거야. 어떤 두 양을 비교하기 위해 사용해. 예를 들어 어떤 학급에 남학생이 여덟 명, 여학생이 다섯 명이면 이 학급에서 남학생과 여학생의 비는 8 : 5라고 쓰고 '8 대 5'라고 읽어. 이것을 비라고 하는데, 비의 개념은 지금으로부터 수천 년 전에 바빌로니아 사람들과 이집트 사람들도 알고 있었어. 그러다가 고대 그리스의 수학자 에우독소스가 비에 대해 본격적으로 많은 연구를 했지."

"비를 사용하면 뭐가 좋아지는데?"

"어느 양이 얼마나 더 많은지를 대략적으로 알 수 있어."

"그게 무슨 뜻이야?"

"예를 들어 어떤 마을에 남자의 수가 8,000명이고 여자의 수가 4,000명이라면 남자의 수와 여자의 수의 비는 2 : 1이 되잖아? 그러니까 남자의 수가 여자의 수의 2배라는 뜻이지."

"8000 : 4000이 아니고 왜 2 : 1이야?"

"8000 : 4000은 2 : 1과 같거든."

"왜 같지?"

"비에서 :의 앞에 있는 수를 '전항', 뒤에 있는 수를 '후항'이라고 해. 그런데 비는 전항과 후항에 같은 값을 곱하거나 0이 아닌 같은 수로 나누어도 달라지지 않아. 8000 : 4000에서 전항과 후항을 똑같이 1000으로 나누면 8 : 4가 되고 다시 전항과 후항을 4로 나누면 2 : 1이 되잖아? 그러니까

$$8000 : 4000 = 8 : 4 = 2 : 1$$

이 되는 거야."

"간단해서 좋긴 하다."

리나가 배시시 웃으며 말했다.

"좋아. 이번에는 정비례에 대해 말해 줄게."

셈짱이 말했다.

"그건 또 뭔데?"

리나가 되물었다.

"어떤 두 개의 양이 있는데 하나의 양이 1배, 2배, 3배, …로 변하면 다른 양도 1배, 2배, 3배, …로 변할 때 이 두 개의 양은 서로 정비례 관계에 있다고 말해.

예를 들어, 비디오 대여점에 갔다고 해 봐. 비디오를 한 개 빌리는 데 대여비가 1,000원이면 두 개 빌리는 데는 2,000원이고 세 개 빌리는 데는 3,000원이잖아. 그러니까 빌린 비디오의 개수가 1의 1배, 2배, 3배로 증가할 때 비디오 대여비도 1,000원의 1배, 2배, 3배로 변하거든.

1,000원 = 1000×1
2,000원 = 1000×2
3,000원 = 1000×3

비디오의 개수(개)	1	2	3
대여비(원)	1000	2000	3000

 이때 빌린 비디오의 개수와 비디오 대여비는 정비례한다고 말하는 거야."

 셈짱이 긴 설명을 마쳤다.

거대한 우박에 깔린 로지
반비례와 지레의 원리

 갑자기 핑크 빛 하늘이 짙은 자줏빛으로 변했다. 어바리스국에서 이것은 큰비가 올 징조였다. 갑작스럽게 날이 서늘해지더니 점점 추워졌다. 굉장히 변덕스러운 날씨였다.
 "저게 뭐지?"
 셈짱이 손으로 하늘을 가리키며 다급하게 소리쳤다. 하늘에서 커다란 돌덩어리가 떨어지고 있었다. 한 번도 본 적이 없는 초대형 우박이었다.
 "서둘러!"
 리나가 부리나케 동굴을 향해 뛰어갔다. 셈짱도 서둘러 동굴로

뛰어 들어갔다. 다행히 두 사람이 동굴에 들어간 직후에 그들의 뒤로 거대한 우박이 떨어졌다. 우박은 크기가 1미터를 넘는 듯 보였다. 하늘에서는 다이너마이트 폭발로 바위산이 무너질 때처럼 거대한 바위들이 쏟아져 내렸다.

"세상에! 우박에 깔려 하마터면 총각귀신이 될 뻔했잖아!"

셈짱이 안도의 한숨을 내쉬며 말했다. '쿵' 하는 소리가 연속해서 들렸다. 마치 소행성의 파편들이 지구에 충돌하는 것 같았다. 잠시 후 더 이상 우박이 떨어지는 소리가 들리지 않자, 두 사람은 동굴 밖으로 살짝 얼굴을 내밀었다. 바닥은 온통 곰보빵처럼 우박과 충돌한 자국들이 나 있었다. 마치 소행성과의 충돌로 곰보가 된 달 표면을 보는 듯했다.

"살려 주세요!"

갑자기 어디선가 여자아이의 목소리가 들려왔다. 두 사람은 소리가 나는 곳으로 부리나케 뛰어갔다. 셈짱 정도의 나이로 보이는 여자아이가 우박에 깔려 괴로워하고 있었다. 셈짱과 리나는 있는 힘껏 우박을 밀어 보았다. 하지만 두 사람의 힘만으로 1톤은 족히 넘을 것 같아 보이는 우박을 밀어 내기는 어려웠다. 마법의 힘으로 우박을 치워 보려고 했지만 너무 무거워 이동시킬 수 없었다. 소녀의 얼굴이 점점 더 창백해졌다. 금방이라도 숨이 넘어갈 것 같았다.

"어떻게 좀 해 봐!"

리나가 다급한 마음에 셈짱에게 신경질적으로 소리쳤다.

"생각 좀 해 보고……."

셈짱은 잠시 두 눈을 감고 생각에 잠겼다. 뭔가 좋은 아이디어를 생각해 내기 위한 명상법이었다.

"그래, 지레의 원리를 이용하면 되겠어. 리나, 톱을 부탁해!"

셈짱이 두 눈을 크게 뜨고 소리쳤다.

"토프나와라 토프나와라!"

리나가 주문을 외치자 날카로운 톱처럼 생긴 몬스터가 나타났다.

"주인님, 뭘 도와 드릴까요?"

토프라는 이름의 몬스터가 뱀처럼 바닥을 기어오더니 두 사람을 향해 머리를 쫑긋 세우고 말했다.

"나무를 베어 와라."

토프는 똑바로 뻗어 있는, 길이가 3미터 정도 되어 보이는 나무 밑동을 향해 쏜살같이 기어가더니 날카로운 톱으로 나무의 밑동을 베어 냈다. '쿵' 소리를 내며 나무가 바닥으로 넘어졌다. 셈짱은 나무를 번쩍 들고는 한쪽 끝을 우박에 끼워 놓고 작은 바위 하나를 괴어 지레를 만들었다. 그러고는 나무의 반대쪽을 아래쪽으로 힘차게 내렸다. 우박이 들썩거리더니 소녀의 등에서 미끄러지듯 굴러 내려갔다.

"살려 줘서 고마워. 내 이름은 로지야."

소녀가 힘없는 목소리로 말했다. 소녀는 우박에 깔린 충격으로 바닥에서 일어날 힘도 없어 보였다.

리나는 길가의 풀을 한 줌 뽑더니 "푸라푸라야크!" 하며 주문을 외웠다. 그러자 리나의 손에는 풀 대신 조그만 약병이 들려 있었다.

"이걸 마시면 괜찮아질 거야."

리나가 약병을 로지에게 건넸다. 약을 먹은 로지는 상처가 금세 아물더니 자리에서 벌떡 일어나 환하게 웃었다.

"우와! 신기해. 이제 하나도 아프지 않아."

로지가 신나서 소리쳤다.

"리나, 제법인데……?"

셈짱이 칭찬했다.

"이런 약초 마법 정도쯤이야."

리나는 어깨를 으쓱거렸다.

"그런데 어떻게 해서 나무 하나로 무거운 돌멩이를 들어 올린 거지?"

리나가 호기심 어린 눈빛으로 셈짱을 바라보며 물었다.

"지레를 이용한 거야."

셈짱이 간단하게 말했다.

"지레? 그게 뭔데?"

"지레는 작은 힘으로 큰 힘을 만들어 낼 수 있는 장치야."

"마법이구나?"

"마법이 아니라 수학적이고 과학적인 원리야. 지레는 받침점과 힘점 그리고 작용점으로 이루어져 있어.

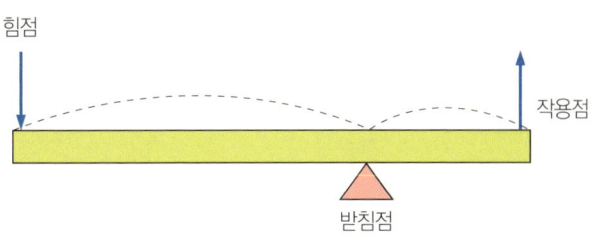

그림에서 왼쪽에 힘이 작용하는 지점을 '작용점'이라고 하고, 오른쪽에 힘이 작용하는 지점을 '힘점'이라고 해. 그리고 삼각형으로 표시된 부분이 '받침점'이야. 받침점에서 작용점까지의 거리와 힘점까지의 거리가 다르지? 이것을 '지레' 또는 '지렛대'라고 불러. 그런데 지레의 힘점에 힘을 가하면 작용점에서는 작용한 힘보다 더 큰 힘이 작용하는데, 이것을 '지렛대의 원리'라고 불러. 이 원리는 아주 옛날 그리스의 아르키메데스라는 수학자가 처음 발견했는데, 이것을 식으로 나타내면 다음과 같아.

(작용점에 작용하는 힘)×(받침점-작용점 간 거리)
=(힘점에 작용하는 힘)×(힘점-받침점 간 거리)

다시 말해서 **지레의 양 끝에 작용하는 힘과 받침점까지의 거리의 곱은 일정해. 이와 같이 어떤 두 양의 곱이 일정할 때 두 양은 반비례한다고 말해.**"

"반비례? 그게 뭔데?"

"한쪽이 커지면 다른 한쪽이 작아지는 두 양을 생각해 봐. 예를 들어, 6L의 우유를 여러 명이 똑같이 나누어 마신다고 해 봐. 한 명이 마시면 6L를 먹게 되고, 두 명이 마시면 $\frac{6}{2}=3$이므로 한 사람당 3L씩 마시게 되고, 세 명이 마시면 $\frac{6}{3}=2(L)$씩, 네 명이면 $\frac{6}{4}=1.5(L)$씩 마시게 돼. 이렇게 사람 수가 1배, 2배, 3배, …로 바뀌면 한 사람이 먹는 우유의 양은 1배, $\frac{1}{2}$배, $\frac{1}{3}$배, …로 변할 때 두 양은 반비례한다고 해. 두 양이 반비례하면 두 양의 곱은 항상 일정해. 이 문제에서는 사람의 수와 한 사람이 마시는 우유의 양의 곱은 항상 6L로 일정하지."

셈짱이 긴 설명을 마쳤다.

"**왜 지레를 쓰면 더 큰 힘이 작용하는데?**"

리나가 아직도 잘 이해가 되지 않는 듯 고개를 갸우뚱거렸다.

"**받침점에서 힘점까지의 거리가 작용점부터 받침점까지의 거리보다 기니까 당연히 힘점에 작용하는 힘보**

다 작용점에 작용하는 힘이 커지는 거지. 그래서 힘점을 살살 눌러도 작용점에는 큰 힘이 작용하는 거야. 실제로 아르키메데스는 지레를 이용하여 로마군의 무거운 배를 들어 올린 후 바다에 빠뜨려 로마와의 전쟁을 승리로 이끈 적도 있다고 해."

셈짱이 설명했다.

"셈짱은 수학을 정말 잘하는구나."

옆에서 가만히 듣고 있던 로지가 밝게 웃으며 셈짱에게 말했다.

"그냥 좀……."

셈짱의 얼굴이 붉어지면서 목소리가 떨리기 시작했다.

"셈짱, 질문이 하나 있어."

로지가 물었다.

"뭔…… 데……?"

셈짱의 목소리는 여전히 떨렸다.

"등비수열이 뭐지?"

"세 수 1, 2, 4를 봐. 처음 수 1에 2배를 하면 두 번째 수 2가 되고, 2에 2배를 하면 세 번째 수 4가 되잖아. 이렇게 처음 수에서부터 똑같은 수를 곱해서 만들어지는 수들의 나열을

'등비수열'이라고 해. 예를 들어 10, 100, 1000도 등비수열을 이루지. 10의 10배는 100이고 100의 10배는 1000이니까……."

"간단한 거였구나. 책을 읽다가 등비수열이라는 용어가 나왔는데 잘 이해가 안 됐었거든."

"그랬어? 등비수열은 비로 설명할 수도 있어."

"어떻게?"

"고대 그리스의 유클리드라는 수학자가 알아낸 건데, 세 수 a, b, c가 $a:b=b:c$가 되면 a, b, c는 등비수열을 이룬다고 말해. 예를 들어 1, 2, 4를 봐. $1:2=2:4$잖아? 또 10, 100, 1000을 보면 $10:100=100:1000$과 같거든."

"정말 신기하네. 셈짱은 정말 수학의 킹왕짱이야."

로지가 함박웃음을 지으며 셈짱을 부드러운 눈길로 바라보았다.

"고, 고마워. 로, 로지……."

셈짱의 목소리가 떨리더니 말까지 더듬었다.

"셈짱, 정신 차려!"

리나가 셈짱에게 면박을 주었다. 셈짱은 리나를 노려보았다. 하지만 이에 질세라 리나도 더욱 강렬한 눈빛으로 셈짱을 노려보았다. 두 사람의 강렬한 눈빛이 한 점에서 만나 이글이글 타오르는 순간, 로지가 두 사람을 번갈아 쳐다보며 말했다.

"이제 나는 가 볼게. 도와줘서 고마웠어. 이 은혜는 꼭 잊지 않을게."

로지는 두 사람을 뒤로 하고 총총걸음으로 사라졌다.

수학자 롤러 백작과의 대결

톱니

로지에 대한 리나의 질투 때문에 두 사람 사이는 냉랭해졌다. 길을 걸어가는 동안 두 사람은 서로 한마디도 하지 않았고, 그저 멍하니 앞만 바라보았다. 마치 낯선 두 사람이 같은 길을 걸어가는 듯한 모습이었다.

갑자기 두 개의 톱니바퀴가 공중에서 회전하면서 두 사람 쪽으로 날아왔다.

"셈짱, 피해!"

리나가 다급하게 소리쳤다.

크기는 작지만 더 빠르게 회전하는 톱니바퀴가 셈짱의 머리 쪽

으로 날아가고 있었다. 셈짱은 놀라서 바닥에 납작 엎드렸다. 톱니바퀴가 셈짱의 엉덩이 부분을 스치면서 속살이 훤히 드러났다. 톱니바퀴는 하늘로 솟아오르더니 다시 셈짱을 향해 돌진했다. 더 이상 톱니바퀴와의 충돌을 피할 수 없을 것 같았다. 셈짱은 모든 것을 포기한 듯 눈을 질끈 감았다.

"톱니몬, 컴 히어!"

그때 갑자기 누군가의 목소리가 들렸다. 셈짱은 눈을 살그머니 뜨고는 자리에서 일어났다. 하늘을 날아다니던 두 개의 톱니바퀴가 검은색 턱시도를 입고 마술사처럼 검은 모자를 쓴 거인을 향해 날아가고 있었다. 철커덕 하는 소리를 내며 두 톱니바퀴는 거인의 양손에 달라붙었다. 마치 쇠붙이가 강력한 자석에 빨려 들어가 달라붙는 듯했다.

"당신은 누구죠?"

셈짱이 아직도 진정이 안 된 듯 떨리는 음성으로 물었다.

"나는 아마추어 수학자 롤러 백작이다."

거인이 모자를 벗고 정중하게 말했다.

"셈짱, 네 명성이 자자하더구나. 매쓰피아 왕국 최고의 수학자라며? 하지만 너의 수학 실력은 나에게는 유치원생 수준이야."

롤러 백작이 눈초리를 치켜 뜨며 말했다.

"길고 짧은 건 대 봐야죠. 그런데 왜 우리 앞에 나타나 톱니바퀴로 공격하는 거죠?"

셈짱이 따지듯 물었다.

"톱니몬 말이군. 사실 난 너희들의 일을 방해해야 하거든."

"어떤 일 말이에요?"

"너희들은 매쓰톤이 있는 곳으로 가려 하잖아?"

"네. 매쓰톤의 위치를 조정하지 않으면 수학에 혼란이 닥쳐요. 그건 당신에게도 좋은 일이 아니잖아요!"

"수학의 혼란? 그런 건 나하고

는 아무 상관없어. 어차피 나의 수학 논리는 매쓰톤의 위치에 영향을 받지 않으니까 말이야."

롤러 백작이 심각한 어조로 두 사람을 노려보며 말했다.

"그건 왜죠?"

"너도 마찬가지잖아? 매쓰톤의 위치가 달라졌어도 너는 여러 수학 몬스터들과의 대결에서 이겼잖아? 너의 수학 실력이 매쓰톤 때문에 엉망이 되었다면 있을 수 없는 일이지."

"그렇군요. 그럼 왜 백작아저씨나 저는 정상인 거죠?"

"이유는 간단해. 매쓰톤의 위치는 수학 수준이 3급 이하인 백성들이나 몬스터들에게만 영향을 줄 수 있어. 2급 수준의 몬스터나 너와 나 같은 1급 수준의 수학자들에게는 아무 영향도 주지 않거든."

"그래서 그런 거군요. 하지만 2급 이상의 수학 수준에 도달한 사람은 전체의 10퍼센트 미만이에요. 나머지 90퍼센트는 매쓰톤의 위치 변화로 생활이 엉망이 되었어요. 빨리 매쓰톤의 위치를 바로잡아야 해요."

"의협심이 대단하군. 자신과 관계가 없는 일에도 목숨을 걸다니. 좋다! 나와의 대결에서 이기면 너희들을 방해하지 않겠다. 하지만 너희가 질 경우 두 사람은 초고속으로 회전하는 두 개의 톱니몬 사이에 끼여 죽게 될 것이다."

"으악!"

리나가 자신의 몸이 빠르게 회전하는 두 개의 톱니 사이에 끼어 있는 모습을 떠올리고는 진저리를 치며 비명을 질렀다.

"좋아요. 문제를 내 주세요."

셈짱이 당당히 롤러 백작을 쏘아보며 말했다.

"그러지. 서로 맞물려 도는 두 개의 톱니바퀴 가, 나가 있어. 가의 톱니 수는 24개이고 1분에 27회전을 해. 나의 톱니 수는 36개야. 그러면 나는 1분에 몇 번의 회전을 하지?"

롤러 백작이 의미심장한 미소를 지으며 물었다.

"이 문제는 풀어 본 적이 있어. 두 개의 톱니바퀴가 맞물려 돌 때 톱니 수와 회전 수는 서로 반비례 관계에 있어. 그러니까 톱니 수와 회전 수의 곱은 두 톱니바퀴에 대해 같은 값이 돼. 이것을 식으로 쓰면 다음과 같지.

$$\text{가의 톱니 수} \times \text{가의 회전 수} = \text{나의 톱니 수} \times \text{나의 회전 수}$$

나의 회전 수를 ☐라고 놓으면

$$24 \times 27 = 36 \times \square$$

가 돼. 그러니까

$$36 \times \square = 648$$

이 되고, 여기서 □를 구하면

$$\square = 648 \div 36 = 18$$

이 되어, 톱니 나는 1분에 18회전을 하게 돼."

셈짱이 싱긋 웃으며 긴 설명을 끝냈다.

"두 개의 톱니가 맞물려 돌 때는 톱니 수가 많을수록 적게 회전하는 거구나!"

리나가 방긋 웃으며 말했다.

독을 먹고 쓰러진 리나

연비

두 사람은 갑자기 배가 고파왔다. 두 사람의 배에서 나는 꼬르륵 소리가 불협화음을 만들어 내고 있었다.

"이게 무슨 냄새지?"

리나가 코를 킁킁거리며 말했다.

"저길 봐!"

셈짱이 다급하게 소리쳤다.

셈짱이 손으로 가리킨 곳에 먹음직스러운 햄버거가 나무를 베어 만든 테이블 위에 놓여 있었다. 순간 두 사람은 햄버거를 향해 돌진했다. 하지만 리나의 손이 조금 더 빨랐다. 햄버거는 리나의

입속으로 한 입에 골인. 셈짱은 속상한 얼굴로 햄버거가 있던 테이블만 멍하니 바라보았다.

"으익! 셈짱, 나 좀 살려 줘."

리나가 갑자기 비명을 지르며 쓰러졌다.

"왜 그래? 너무 급하게 먹어서 체한 거 아니야? 그러니까 절반이라도 나를 주었으면 이런 일 없잖아!"

셈짱이 리나를 부축하면서 아직도 화가 덜 풀린 목소리로 말했다. 리나는 더 이상 말을 잇지 못하고 그 자리에 쓰러지더니 얼굴이 노랗게 변하기 시작했다. 셈짱은 단순한 체기가 아니라는 생각이 들어 두려운 표정으로 리나를 바라보았다.

그때 갑자기 새가 푸드덕거리며 날갯짓하는 소리가 들리더니 어디선가 우렁찬 목소리가 들려왔다. 셈짱이 고개를 들어 보니 1미터 정도 높은 곳에 얼굴은 사람 모습이고 몸은 거미처럼 생긴 괴물이 떠 있었다. 거미처럼 여덟 개의 다리를 가지고 있었지만 두 쌍의 큰 날개를 가지고 있어 하늘을 날 수 있는 몬스터였다.

"내 이름은 스파이더몬이다. 1분 안에 내가 내는 문제를 못 맞히면 너희들은 내 땅에 함부로 들어온 죄에 대한 벌을 달게 받아야 할 것이다."

"무슨 문제죠?"

셈짱이 당황스런 표정으로 물었다.

그러자 스파이더몬은 몸속에서 주머니 하나를 꺼내더니 커다란 입을 위아래로 벌리며 말했다.

"이 주머니 안에는 검은 구슬, 하얀 구슬, 빨간 구슬 모두 합쳐 150개의 구슬이 들어 있다. 검은 구슬과 하얀 구슬 수의 비는 3 : 2이고 하얀 구슬과 빨간 구슬 수의 비는 4 : 5이다. 각각의 구슬의 수를 구하라."

"비가 두 개나 나오잖아? 이런 문제는 한 번도 다뤄 본 적이 없는데……."

셈짱은 식은땀을 흘렸다. 시간이 흐를수록 땀이 비 오듯 하더니 마치 폭우에 흠뻑 젖은 것처럼 옷이 땀으로 범벅이 되었다. 하지만 아무리 수학 천재라 해도 배우지 않은 내용을 알 수는 없는 일. 고민고민하는 사이에 어느덧 1분이 모두 흘러갔다.

"제한 시간은 끝났다. 약속대로 졌으니 벌을 받아야지?"

스파이더몬이 입가에 기분 나쁜 웃음을 띠며 말했다. 스파이더몬이 하늘을 향해 무언가 알아들을 수 없는 말로 소리쳤다. 그러자 10미터 정도 되어 보이는 거대한 탑이 눈앞에 나타났다. 탑 위

에는 조그만 구멍이 있었는데 그곳이 입구인 듯했다. 스파이더몬이 다가오더니 엉덩이에서 노란 거미줄을 뿜어내 셈짱을 에워쌌다. 노란 거미줄이 노란 연기로 변하면서 에워싸더니 셈짱을 태우고 탑 위의 구멍으로 날아가 탑 속에 가두었다. 이른바 감옥탑이었다. 셈짱이 갇힌 방은 지상으로부터 9미터쯤 되는 곳에 있는 구멍을 제외하고는 어떤 출구도 없었다. 꼼짝없이 감옥탑에 갇힌 신세였다. 스파이더몬은 문에 얼굴을 내밀고 도움을 요청하는 셈짱에게 음흉한 미소를 지으며 사라졌다.

"도와주세요!"

셈짱은 있는 힘껏 소리쳤다. 하지만 셈짱의

목소리는 숲 속에 공허하게 메아리쳤다.
"이게 무슨 소리지?"
로지의 귀에 소년의 목소리가 희미하게 들려왔다. 로지는 셈짱과 헤어진 후, 수도인 무시케 시를 향해 가던 중 길을 잃어 숲 속을 헤매고 있었다. 로지는 곧장 소리가 나는 곳으로 뛰어갔다. 감옥탑에서 위를 올려다보는 로지를 발견한 셈짱이 반가운 목소리로 소리쳤다.

"로지, 나 셈짱이야. 도와줘."

"어떻게 도와줘야 하지? 난 공중부양 마법은 모르는데……."

로지가 안타까운 듯 위를 바라보며 말했다.

"그럼 나무줄기를 엮어서 9미터 정도 되는 끈을 만들어. 그런 다음에 끈을 돌돌 말아서 위로 던지면 돼. 이래 봬도 줄타기에는 일가견이 있으니까."

셈짱이 다급하게 소리쳤다.

로지는 셈짱이 시키는 대로 주위에 있는 나무줄기 여러 개를 묶어 길이가 10미터 정도 될 듯한 줄을 만들어 공처럼 둘둘 말았다. 그러고는 감옥탑 구멍을 향해 있는 힘껏 줄을 던졌다. 하지만 로지의 팔 힘이 턱없이 약해 줄은 셈짱의 손보다 한참 아래에서 방향을 바꾸어 아래로 떨어졌다.

"안 되겠어. 리나가 독을 마신 거 같은데 혹시 깨울 수 있는 방법을 알고 있니?"

"해독제는 만들 수 있어. 약초 마법에 대해서는 배운 적이 있으니까."

로지는 발밑에 있는 풀을 뜯어 나무 테이블 위에 올려놓고 주문을 걸었다. 그러자 풀잎들이 해독 약초로 변하면서 조그만 사발에

담긴 약이 나타났다. 로지는 한 손으로는 약사발을 들고 다른 한 손으로는 리나의 입을 조금 벌린 후 약을 천천히 흘려 넣었다.

"음……."

리나가 신음소리를 냈다.

"리나, 정신이 돌아왔구나."

셈짱이 신이 나서 소리쳤다. 셈짱은 자신이 감옥탑에 갇혀 있으니 양탄자를 타고 올라와서 구해 달라고 했다. 하지만 리나의 원기가 회복되지 않아 마법을 사용할 만한 체력이 아니었다. 리나는 잠시 고민하더니 감옥탑 아래에 지레를 놓고 손에 줄을 들고는 받침으로부터 거리가 짧은 쪽에 섰다.

"로지, 나무 위로 올라가 내 반대쪽으로 힘차게 뛰어내려. 그러면 지렛대의 원리에 의해 나에게 큰 힘이 작용해 높이 뛰어오를 수 있어. 가장 높이 올라갔을 때 셈짱에게 줄을 던질게."

리나의 말에 로지는 고개를 끄덕이고는 나무 위로 올라갔다. 그리고는 주저하지 않고 지레에서 받침점으로부터 거리가 먼 쪽으로 힘차게 뛰어내렸다. 순간 지레의 반대쪽이 아주 빠르게 위로 치솟으면서 개구리가 튀어 오르듯 리나를 공중으로 힘차게 튀어 오르게 했다. 가장 높은 곳에 도달한 순간 리나는 줄을 있는 힘껏 위로 던졌다. 셈짱은 두 손으로 줄을 받았다.

"리나, 성공이야."

셈짱은 잽싸게 줄의 한쪽 끝을 기둥에 묶고 구멍을 통해 아래로 늘어뜨린 다음 익숙한 솜씨로 줄을 타고 바닥으로 내려왔다.

"로지, 고마워."

셈짱이 로지에게 미소를 보내며 감사 인사를 했다.

"고맙다는 말은 나한테 해야지!"

리나가 입을 샐쭉 내밀며 말했다.

"그런데 넌 왜 감옥탑에 갇혀 있었던 거야?"

리나가 물었다.

"스파이더몬이 낸 문제를 못 풀었어."

셈짱이 부끄러운 표정으로 말했다.

"천하의 셈짱도 못 푸는 문제가 있구나?"

리나가 빈정거리듯 말했다.

"어떤 문제인데?"

로지가 물었다. 셈짱은 스파이더몬이 냈던 문제를 로지에게 알려 주었다.

"풀 수 있을 것 같아."

로지가 입가에 미소를 띠며 말했다.

"어떻게?"

셈짱이 고개를 갸웃거렸다.

"세 구슬의 비를 구해야 하는데, 두 구슬들 사이의 비만 나와 있잖아?

검은 구슬 : 하얀 구슬 = 3 : 2
하얀 구슬 : 빨간 구슬 = 4 : 5

그런데 비에서는 전항과 후항에 같은 수를 곱해도 비가 달라지지 않으니까

3 : 2 = 6 : 4

와 같아. 그러면 다음과 같이 쓸 수 있어.

검은 구슬 : 하얀 구슬 = 6 : 4
하얀 구슬 : 빨간 구슬 = 4 : 5

하얀 구슬 쪽이 4로 같아졌지? 따라서 검은 구슬, 하얀 구슬, 빨간 구슬의 비는

검은 구슬 : 하얀 구슬 : 빨간 구슬 = 6 : 4 : 5

가 돼. 이제 전체 구슬의 수가 150개이니까 비례배분 공식을 이용하면

검은 구슬의 수: $150 \times \dfrac{6}{6+4+5} = 150 \times \dfrac{6}{15} = 60$(개)

하얀 구슬의 수: $150 \times \dfrac{4}{6+4+5} = 150 \times \dfrac{4}{15} = 40$(개)

빨간 구슬의 수: $150 \times \dfrac{5}{6+4+5} = 150 \times \dfrac{5}{15} = 50$(개)

이 되는 거지."

로지가 긴 설명을 마쳤다.

"우와! 대단해, 로지."

셈짱이 로지의 실력에 깜짝 놀라며 칭찬했다.

"셈짱, 내가 문제 하나 낼게. 풀어 볼래? 유클리드의 『원론』이라는 책에 나오는 문제야."

"뭔데?"

"다음 그림을 봐.

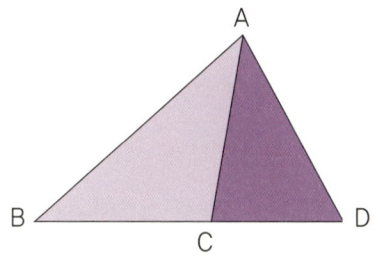

변 BC의 길이와 변 CD의 길이의 비가 3 : 2일 때 삼각형 ABC의 넓이와 삼각형 ACD의 넓이의 비는 얼마지?"

"3 : 2."

"어떻게 안 거지?"

로지가 당황한 표정으로 물었다.

"삼각형의 넓이는 밑변의 길이와 높이를 곱한 값을 2로 나눈 값이야. 그런데 두 삼각형은 높이가 같고 밑변의 길이만 다르니까 두 삼각형의 넓이의 비는 밑변의 비와 같아져. 그래서 3 : 2가 되는 거지."

"셈짱, 역시 넌 천재야."

"아니야, 너야말로 수학 천재잖아."

"수학 천재는 무슨……. 너희들과 헤어지고 다시 숲으로 들어가 비에 대한 공부를 좀 해 보았어. 유클리드가 쓴 『원론』이라는 책에서 비에 대한 부분을 찾아보았더니 이런 내용이 적혀 있었어. 마침 얼마 전에 공부한 내용이라 기억이 나서 풀 수 있었던 것뿐이지."

"로지, 넌 똑똑한데다가 예쁘고 겸손하기까지 하구나……."

셈짱이 입에 침이 마르도록 로지의 칭찬을 늘어놓았다.

"치! 솔직히 예쁜 건 아니지……."

리나가 입을 삐죽이 내밀었다.

어바리스 왕국과 퓨처도사

비례배분의 응용

셈짱, 리나 그리고 로지는 함께 길을 떠나기로 했다. 로지가 다시 길을 잃지 않게 하기 위해서였다. 리나는 내비볼이 가르쳐 준 길을 따라갔다. 잠시 후 세 사람은 무시케 시의 입구에 도착했다.
"누구냐?"
경비병으로 보이는 젊은 군인이 세 사람에게 창을 겨누었다.
"우리는 어바리스국의 왕을 만나러 왔어요."
셈짱이 두려워하는 기색 없이 당당하게 말했다. 이미 산전수전을 다 겪어 겁이 없어진 듯했다. 그때 좀 더 나이가 많은 경비병이 나타나 젊은 경비병에게 소리쳤다.

"무슨 일이냐?"

늙은 경비병은 세 사람을 번갈아보다가 로지와 시선을 맞추고는 깜짝 놀란 표정으로 말을 더듬거렸다.

"로, 로지 공주님!"

그 말에 셈짱과 리나도 덩달아 놀란 얼굴로 로지를 쳐다보았다.

"공주라고?"

셈짱이 황당한 표정으로 로지를 바라보았다.

"이분이 바로 어바리스 국왕님의 무남독녀 외동딸인 로지 공주님이십니다."

늙은 경비병이 예를 갖추며 말했다.

"지키라 아저씨, 저에게는 말 놓으셔도 돼요."

로지 공주가 애교스러운 목소리로 말했다.

"그런데 이 사람들은 누구지요?"

지키라가 물었다.

"내 생명의 은인이에요. 아버지에게 모셔 가고 싶어요."

공주가 웃으며 말했다.

지키라는 마법의 비행마차에 세 사람을 태우고는 하늘을 날아 어바리스 궁으로 향했다. 눈 깜빡할 사이에 마차는 어바리스 궁에 도착했다.

"오! 내 딸아!"

왕으로 보이는 남자가 두 팔을 벌려 로지 공주를 따뜻하게 안아 주었다.

"아빠, 보고 싶었어요."

로지 공주는 왕의 품에 안겨 울먹거리며 말했다. 공주는 왕에게 셈짱과 리나를 소개하고, 하나뿐인 딸의 생명의 은인인 두 사람은 왕에게 극진한 대접을 받았다. 왕실은 호화스러울 정도로 반짝이는 보석들로 장식되어 있어 눈이 부실 만큼 아름다웠다. 두 사람은 황금 침대가 놓여 있는 방에서 지내게 되었다. 시트를 제외한 모든 부분이 순금으로 만들어진 침대는 국빈이 올 때만 사용할 수 있는 것이었다. 두 사람은 어바리스국의 국빈 대접을 받게 되었다.

로지 공주는 셈짱에게 왕궁 이곳저곳을 구경시켜 주었다. 그럭저럭 왕궁에서 며칠이 흘렀다. 하지만 이렇게 왕궁에서 편하게 지낼 수만은 없었다. 하루 빨리 매쓰톤이 있는 곳을 알아내 위치를 조정해야 하기 때문이었다.

"로지 공주님, 우린 이제 매쓰톤을 찾으러 떠나야 해요."

셈짱이 로지 공주에게 말했다. 로지 공주는 셈짱과 더 오래 같이 있고 싶었지만 그에게는 막중한 임무가 있으므로 마냥 붙잡아 둘 수도 없는 일이었다.

"매쓰톤이 어디에 있는지 모르잖아요?"

물에 빠진 사람이 지푸라기라도 잡는 심정으로 로지 공주가 말했다.

"왕국 구석구석을 뒤져서라도 찾아내야지요."

셈짱이 의연하게 대답했다.

"그렇다면 퓨처도사를 만나 보세요."

공주는 갑자기 무언가 생각이 난 듯 눈을 동그랗게 뜨고 말했다.

"그 사람이 누구죠?"

셈짱의 눈이 휘둥그레졌다.

"왕국 최고의 마법사예요. 그에게는 미래를 볼 수 있는 능력이 있어요. 어쩌면 그가 매쓰톤이 있는 곳을 알고 있을지도 몰라요."

"그 사람은 어디에 있죠?"

"저랑 함께 가면 돼요."

공주는 이렇게 말하고는 비행마차를 불렀다. 세 사람을 태운 비행마차는 순식간에 하늘을 날아가 나무는커녕 풀 한 포기 없는

바위산 중턱에 도착했다.

"이곳에 사람이 산다고요?"

셈짱이 신기한 듯 주위를 두리번거리며 물었다.

"쩌억~"

하는 소리가 들리면서 바위산 한가운데의 틈이 벌어지기 시작했다. 잠시 후 누런 옷을 입은 신비스러운 느낌의 노인이 바위 틈 사이로 얼굴을 드러냈다.

"퓨처도사님!"

공주가 노인에게 달려가며 소리쳤다.

"귀여운 공주마마께서 어인 일로 이런 험한 곳에 오셨나요? 공주님의 미래는 지난번에 말씀 드린 대로 걱정할 게 없어요. 나라를 물려 받은 후에는 더욱 성군이 되실 거예요."

퓨처도사가 입가에 다정한 웃음을 지으며 말했다.

"제 일 때문에 온 게 아니에요. 참, 소개할게요. 이분들은 제 생명의 은인으로 매쓰피아 왕국에서 왔어요. 매쓰톤이 있는 곳을 찾고 있으니 꼭 좀 도와주세요."

"매쓰톤요?"

퓨처도사의 얼굴이 일그러졌다. 무언가 두려움에 떨고 있는 듯

한 얼굴이었다.

"그곳을 알고 있나요?"

공주가 물었다.

"이곳에서 남쪽으로 10킬로미터쯤 가면 플래트 사막이 나와요. 풀 한 포기, 나무 한 그루 없는 광대한 곳이지요. 전설에 의하면 매쓰톤은 사막 어딘가에 있다고 해요. 하지만 사막이 너무 넓어서 위치 좌표를 모르면 절대 찾을 수 없어요."

"좌표가 뭐죠?"

공주가 고개를 갸웃거렸다.

"좌표란 평면 위에 있는 한 점을 두 개의 수로 표시한 것을 말해요. 프랑스의 수학자이자 철학자인 데카르트가 낮잠을 자려고 침대에 누웠는데 천장에 붙어 있는 파리가 이리저리 움직여 다니는 모습을 보고 좌표의 개념을 알아냈지요."

퓨처도사가 말했다.

"데카르트는 철학자 아닌가요?"

공주가 다시 물었다.

"데카르트는 철학자이자 수학자이자 과학자이지요."

퓨처도사가 싱긋 웃으며 말했다.

"좋아요. 매쓰톤의 위치 좌표를 알아내려면 먼저 수학 문제를 해결해야 해요. 정답을 맞히는 사람에게만 위치 좌표를 보여 주라는 지시사항이 있었으니까요."

"어떤 문제죠?"

"주머니 속에 검은 구슬과 하얀 구슬이 5 : 6의 비로 들어 있어요. 이 주머니에 검은 구슬을 몇 개 더 넣어야 구슬의 비가 35 : 36이 될까요? 검은 구슬을 더 넣은 후 검은 구슬과 하얀 구슬을 합친 개수는 568개예요."

퓨처도사가 문제를 냈다.

"비례배분 문제군!"

셈짱은 간단한 문제인양 어깨를 으쓱거렸다. 로지 공주로부터 얼마 전에 비례배분 공식을 익혔기 때문에 자신이 있는 문제였다.

"나는 도무지 감이 안 오는데……."

리나가 한숨을 푹 내쉬며 말했다.

"너야 그렇겠지."

셈짱이 비아냥거리듯 말했다.

"잘난 척하기는……."

리나가 입을 샐쭉 내밀었다. 셈짱은 리나의 눈치를 살피더니 말실수했다는 것을 깨닫고 태도를 바꾸어 부드러운 목소리로 설명하기 시작했다.

"검은 구슬을 더 넣은 후의 검은 구슬과 하얀 구슬의 비를 알고 두 구슬의 개수의 합을 아니까 각각의 구슬 개수를 구할 수 있어. 검은 구슬의 개수는

$$568 \times \frac{35}{35+36} = 280(개)$$

이고, 하얀 구슬의 개수는

$$568 \times \frac{36}{35+36} = 288(개)$$

이 돼. 여기에서 나중에 더 넣은 검은 구슬의 수를 ☐라고 하면 더 넣기 전의 검은 구슬의 수는 280−☐가 되고, 하얀 구슬의 개수는 변함없이 288개야. 그런데 두 구슬의 비는 5 : 6이니까

$$280-☐ : 288 = 5 : 6$$

이 돼. **비례식의 성질을 이용**하면

$$6 \times (280-☐) = 5 \times 288$$

이 되어

$$6 \times (280-☐) = 1440$$

이 되지. 양변을 6으로 나누면

$$280-☐ = 240$$

이 되니까 ☐ = 40이야. 그러니까 검은 구슬 40개를 더 넣은 거지."

셈짱이 긴 설명을 마치고 로지 공주를 흘깃 쳐다보았다. 공주

는 말없이 밝게 미소를 짓고 있었다.

"당신이 이겼어요. 매쓰톤의 위치 좌표를 알려 주지요. 하지만 좌표를 잘못 해석하면 위험이 닥칠 수도 있어요."

퓨처도사가 깊은 한숨을 내쉬며 말했다.

"그건 우리에게 맡기세요. 반드시 위치 좌표를 찾아내어 매쓰톤이 있는 곳으로 가겠어요. 그리고 매쓰톤의 위치를 정확하게 맞춰 놓아 수학의 혼란을 막을 거예요."

셈짱이 주먹을 굳게 쥐고 당찬 목소리로 말했다.

"매쓰톤의 위치 좌표는 두 가지예요."

퓨처도사가 싱긋 웃으며 말했다.

"왜 두 개죠?"

셈짱이 물었다.

"하나는 매쓰톤이 있는 곳으로 들어갈 수 있는 지점의 위치이고, 두 번째는 매쓰톤의 올바른 위치지요."

퓨처도사는 간단하게 대답하고는 두 개의 봉투를 셈짱에게 건네주었다.

"노란 봉투 안에는 매쓰톤이 있는 곳의 위치 좌표가, 붉은 봉투 안에는 매쓰톤이 놓여 있어야 할 정확한 위치가 적혀 있어요. 우선 노란 봉투의 위치를 찾도록 하세요."

퓨처도사는 이렇게 말하고는 다시 갈라진 바위 틈 사이로 모습을 감추었다. 순간 양쪽으로 갈라졌던 바위산이 서로 맞닿으면서 바위 틈은 감쪽같이 사라졌다.

공중도시에서 익사할 뻔한 셈짱

비례식

공주와 헤어진 두 사람은 양탄자를 타고 플래트 사막으로 날아갔다. 끝없이 모래가 펼쳐져 있는 광활한 사막이었다.

"이렇게 큰 사막은 처음 봐."

리나가 탄성을 질렀다.

"이렇게 넓은 곳에서 어떻게 매쓰톤을 찾지?"

셈짱이 깊은 한숨을 내뱉었다.

두 사람은 양탄자에서 내렸다. 햇빛에 반사된 모래가 눈이 부실 정도로 빛났다. 그때 갑자기 두 사람의 머리 위로 길이가 5미터쯤 되어 보이는 두 개의 화살이 날아갔다. 두 개의 화살은 어디

론가 천천히 날아가고 있었다.

"갑자기 웬 화살이지?"

리나가 화살을 바라보며 의아해했다.

"일단 따라가 보자."

셈짱이 제안했다.

두 사람은 아주 느리게 날아가는 두 개의 화살을 따라갔다. 잠시 후 두 개의 화살이 공중에서 멈추더니 서로 수직으로 만났다. 그러자 모래 위에 두 개의 화살 그림자가 나타났다.

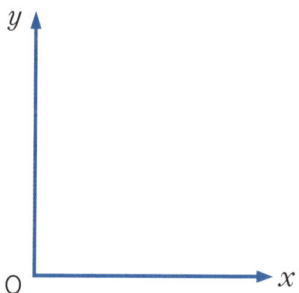

그림자에는 화살에 보이지 않는 x, O, y라는 알파벳이 나타났다.

"x, O, y…… 이게 뭐지?"

리나가 고개를 갸웃거렸다.

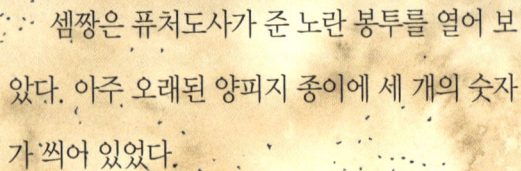

셈짱은 퓨처도사가 준 노란 봉투를 열어 보았다. 아주 오래된 양피지 종이에 세 개의 숫자가 찍어 있었다.

(4, 3, 12)

"이게 뭘 뜻하는 거지? 4 × 3 = 12라는 걸까?"
린나가 생각나는 대로 말했다.
"맞아, 데카르트의 좌표야. 4는 x라고 쓴 화살표 방향으로 4미터를 가라는 뜻이고, 3은 y라고 쓴 화살표 방향으로 3미터를 가라는 뜻이야. 그러니까 다음 지점이 되겠지."
셈짱은 마법 칠판에 다음과 같이 그렸다.

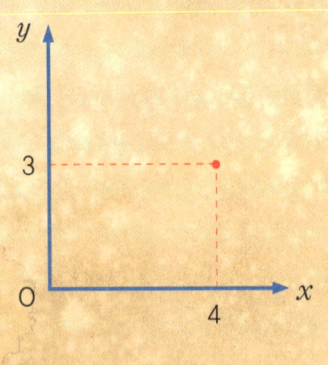

"그런데 12는 뭘까?"
셈짱이 머리를 긁적였다. 리나는 셈짱이 생각에 잠겨 있는 동안 길이를 정확하게 잴 수 있는 마법 신발을 신고,

원점에서 x축 방향으로 4미터를 걸어간 후 y축 방향으로 3미터를 걸어가 셈짱이 점으로 나타낸 곳에 섰다.
"셈짱! 날 봐. 매쓰톤의 위치를 찾았어."
리나가 신나서 소리쳤다.

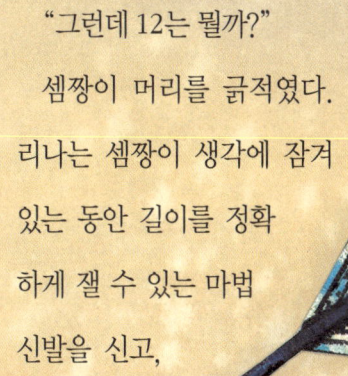

"리나! 안 돼. 우린 아직 12의 비밀을 모른단 말이야."

셈짱이 깜짝 놀라서 소리쳤다. 정확한 위치 좌표에 서 있지 않으면 위험에 처할 수도 있다는 퓨처도사의 말이 문득 떠올랐기 때문이었다.

"펑!"

하는 소리가 들리더니 리나의 모습이 순식간에 사라졌다. 리나가 서 있던 자리에서 노란 연기가 뿜어져 나오더니 공중으로 올라가 흩어졌다.

"리나!"

셈짱이 울먹이며 리나를 불러 보았지만 이미 소용이 없었다. 허탈한 마음에 셈짱은 그 자리에 털썩 주저앉았다. 그러고는 원망스러운 눈빛으로 공중에 떠 있는 두 개의 화살을 바라보았다. 태양은 이미 중천에 떠 있었다.

"가만! 지금 몇 시지?"

셈짱은 시계를 보았다. 11시 58분이었다.

"그래! 12는 시간을 나타내는 거였어!"

셈짱이 무릎을 탁 치며 소리쳤다. 셈짱은 12시 정각이 되자 리나가 서 있던 위치로 갔다. 순간 눈이 부시도록 밝은 흰빛이 하늘에서 내려와 셈짱의 머리를 수직으로 비추었다. 흰빛은 순식간에 일곱 개의 무지개 색 광선으로 나누어져 수를 놓듯 셈짱의 몸을 휘감았다.

"눈이 너무 부셔서 아무것도 보이지 않아!"

셈짱은 비명을 질렀다.

무지개 색 광선 때문에 셈짱은 정신을 차릴 수 없었다. 무지개 색 광선에 에워싸인 셈짱은 하늘로 날아올라 갔다. 그러고는 어지러워서 잠시 정신을 잃었다.

"여기가 어디지?"

잠시 후 정신을 차린 셈짱이 주위를 둘러보았다. 무지갯빛을 반사하는 구름 위에 피라미드 모양의 건물이 눈앞에 보였다. 셈짱은 구름 끝으로 천천히 걸어갔다. 땅바닥에서 몇 킬로미터는 족히 되어 보이는 높이였다.

"말로만 듣던 공중도시군!"

셈짱은 정신을 차리고 피라미드의 입구를 향해 천천히 걸어갔다. 입구는 어른 한 사람 정도 들어갈 수 있는 직사각형 모양의 구멍이었다. 셈짱은 심호흡을 하고 구멍 안으로 들어갔다. 구멍 안은 어둠침침했다. 셈짱은 머리에 광부용 안전등을 쓰고는 좁고

길게 난 통로를 따라 걸었다. 다리가 후들거리기 시작했지만 매쓰톤을 찾기 위해서라면 이 정도는 감수해야 했다.

한참을 걸어가자 붉은빛을 띠고 반지름이 2미터쯤 되어 보이는 원판이 바닥에 나타났다.

"여기가 입구인가?"

셈짱은 아무 생각 없이 원판의 중심에 똑바로 선 채 기다렸다. 순간 원판이 갑자기 원통 모양으로 바뀌면서 졸지에 셈짱은 높은 원통 속에 갇힌 신세가 되었다.

"으악!"

셈짱이 비명을 질렀다. 그 사이에도 원통 벽은 점점 올라가 끝이 보이지 않을 정도로 높아졌다.

"네가 셈짱이라는 녀석이군!"

위쪽에서 남자의 굵은 목소리가 들렸다. 고개를 들어 올려다보았지만 너무 높아 남자의 모습은 보이지 않았다.

"제발 여기서 나가게 해 주세요. 매쓰톤의 위치가 바뀌어서 수학에 혼란이 왔어요. 제가 매쓰톤의 위치를 바로잡아야 해요."

셈짱이 목을 뒤로 젖히고 위를 올려다보며 크게 소리쳤다.

"가소롭군! 감히 너같이 어린 녀석이 신성한 매쓰톤의 위치를 바꾸겠다고?"

　남자의 목소리가 원통 안에서 반사되어 쩌렁쩌렁 울려 퍼졌다. 갑자기 원통 위에서 굵은 빗줄기가 쏟아지기 시작하더니 바닥부터 물이 차오르기 시작했다. 어마어마한 양의 비가 쏟아져 내려 금세 셈짱의 허리까지 물이 가득 찼다. 이대로 있다가는 얼마 못 가 셈짱은 물속에 잠겨 죽게 될 것이 뻔했다.

　"살려 주세요. 뭐든지 다 할게요."

　셈짱이 차오르는 물을 바라보며 공포에 질린 목소리로 말했다.

　"비는 6초에 24m³씩 내린다고 한다. 원통의 밑넓이는 10m²이고 높이는 20m이다. 빗물이 원통을 가득 채우는 데 걸리는 시간을 구하라."

　남자의 목소리가 다시 들려왔다. 이제 물은 셈짱의 턱밑까지 차올랐다. 셈짱은 침착하게 머릿속으로 식을 세웠다.

　"6초에 24m³씩 내리니까 1초에 내리는 비의 양을 구하려면 비례식을 세워야 해.

$$6 : 24 = 1 : \square$$

라고 놓으면 6×□=24니까 □=4야. 그러니까 빗물은 1초에

4m³씩 내리는 셈이지. 따라서 원통의 부피는 밑넓이와 높이의 곱이니까 $10 \times 20 = 200(m^3)$이 되지. 그렇다면 빗물이 원통을 모두 채우는 데 걸리는 시간은 $200 \div 4 = 50$(초)이 돼."

셈짱은 큰 소리로 "50초입니다."라고 외쳤다. 그러자 갑자기 비가 멎고 셈짱의 입술 아래까지 차올랐던 물도 사라졌다. 원통 벽이 사라지고 셈짱은 이상한 방에 서 있었다.

"휴! 하늘에서 익사할 뻔했네……. 그런데 대체 여긴 어디지?"

셈짱은 한숨을 돌리고는 주위를 두리번거렸다. 갑자기 이상한 공간으로 이동한 것 같은 기분이 들어서였다. 정사각형 모양으로 생긴 작은 방이었다. 한쪽 구석에 고대 이집트의 병사처럼 생긴 병사의 조각상이 서 있었다.

"내가 진짜 이집트의 피라미드에 온 건가?"

셈짱은 머리를 긁적이며 머리에 투구를 쓰고 갑옷을 입은 병사의 조각상을 바라보았다. 그의 한 손에는 원형 방패가, 다른 한 손에는 커다란 칼이 쥐어져 있었다. 그는 마치 살아 있는 사람처럼 셈짱을 노려보고 있었다.

슈웅~

순간 병사가 방패를 힘차게 던졌다. 셈짱은 고개를 숙여 날아오는 방패를 겨우 피했다. 무서운 속력으로 날아간 방패는 반대쪽 벽으로 날아가 강력한 자석에 달라붙듯 벽에 철커덕 달라붙었다. 병사는 무표정한 얼굴로 터벅터벅 걸어 나오더니 방패 앞으로 다가갔다. 그는 오른손에 쥔 칼을 뽑아 방패에 세 번 칼질을 하여 다음과 같이 세 개의 선을 그었다.

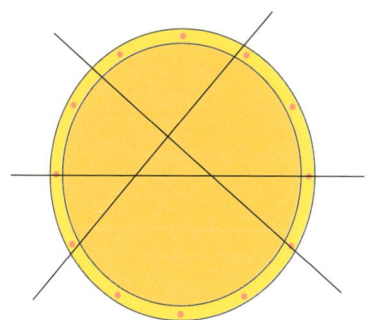

그러고는 뒤를 돌아보더니 무서운 눈으로 셈짱을 노려보며 말했다.

"칼로 세 번 그으면 원을 최대 일곱 개의 영역으로 나눌 수 있다. 이런 식으로 칼을 여섯 번 그어 만들어지는 영역의 수가 최대가 될 때 그 영역의 수를 구하라."

"또 수학 문제군요?"

셈짱은 당연히 수학 문제가 나올 것을 기대한 듯 담담한 목소리로 중얼거렸다.

"이 문제는 귀납적으로 사고하면 돼요. 한 번 칼질하면 영역은 두 개가 돼요.

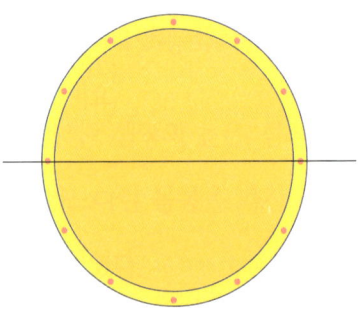

두 번 칼질하면 영역은 네 개가 되지요.

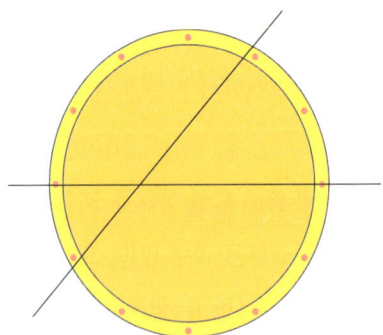

세 번 칼질하면 영역은 일곱 개가 되고요.

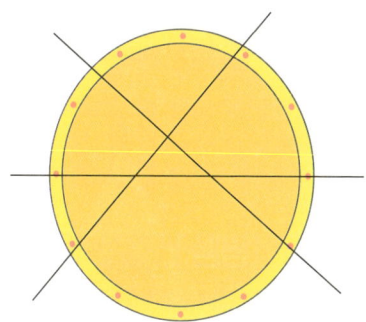

네 번 칼질하면 열한 개의 영역이 만들어지지요.

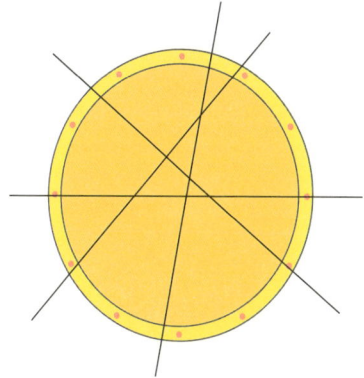

칼질을 네 번 할 때까지 만들어지는 영역의 수를 나열해 보면

2, 4, 7, 11

이 돼요. 그러니까 이들 수의 규칙을 찾으면 돼요."

셈짱이 싱긋 웃으며 말했다.

"규칙 따윈 없어 보이는데?"

병사가 무덤덤한 표정으로 말했다.

"그렇지 않아요. 2에서 4로 변할 때는 2가 증가했고, 4에서 7로 변할 때는 3이 증가했고, 7에서 11로 변할 때는 4가 증가했어요. 그러니까 다섯 번 칼질을 할 때 만들어지는 영역의 수는 11보다 5 증가한 16이 되고, 여섯 번 칼질을 했을 때 만들어지는 영역의 수는 16보다 6 증가한 22개가 돼요."

셈짱이 눈을 깜빡이며 밝은 목소리로 말했다.

"대단한 녀석이군!"

병사는 이렇게 말하더니 다시 칼을 뽑아 원형 방패의 중심에 꽂았다. 그 순간 벽이 사라지고 또 다른 방이 나타났다. 셈짱은 조심스럽게 옆방으로 건너갔다. 그러자 사라졌던 벽이 다시 셈짱의 등 뒤에 나타났다.

"뭐야, 또 방에 갇혔잖아?"

셈짱은 뒤를 돌아다보고 넋두리하듯 중얼거렸다.

매쓰톤의 좌표를 밝혀내다

피보나치수열

다시 갇힌 방 역시 정사각형 모양으로 텅 비어 있었다. 이번에는 병사의 동상조차 없었다. 마치 주사위 속에 들어와 있는 것 같은 기분이었다.

스르륵~

갑자기 이상한 소리가 들려 셈짱은 뒤를 돌아다 보았다. 뒷벽이 셈짱을 향해 다가오는 소리였다.

"으악!"

셈짱은 비명을 질렀다. 그리고는 냅다 반대쪽 벽을 향해 뛰어갔다.

"저게 뭐지?"

셈짱은 놀란 눈으로 벽에 새겨진 조그만 글씨들을 읽어 내려갔다.

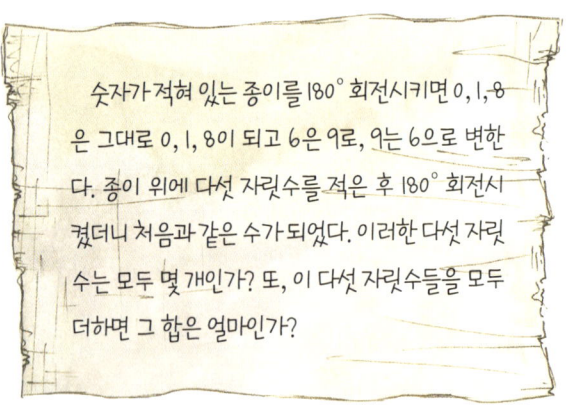

숫자가 적혀 있는 종이를 180° 회전시키면 0, 1, 8은 그대로 0, 1, 8이 되고 6은 9로, 9는 6으로 변한다. 종이 위에 다섯 자릿수를 적은 후 180° 회전시켰더니 처음과 같은 수가 되었다. 이러한 다섯 자릿수는 모두 몇 개인가? 또, 이 다섯 자릿수들을 모두 더하면 그 합은 얼마인가?

역시 수학 문제였다. 그동안의 경험에 비추어 볼 때 문제를 맞히면 방을 탈출할 수 있을 것 같은 기분이 들었다. 셈짱은 문제를 뚫어지게 쳐다보았다. 벽은 점점 더 밀려와 이제 두 벽 사이의 거리는 1미터도 채 되지 않아 보였다.

"아브다카다브라!! 집중! 집중! 또 집중!"

셈짱은 스스로에게 최면을 걸었다. 다가오는 벽 때문에 집중하기가 쉽지 않았기 때문이다.

"그래! 우선 다섯 자릿수니까 다섯 개의 빈칸을 만들어 놓는 것이 좋겠어.

가운데 칸의 수는 180° 회전시켜도 다시 가운데 칸이 되니까 가운데 있는 칸에 올 수 있는 수는 0, 1, 8 중 하나야. 0, 1, 8은 180° 회전시켜도 그대로일 테니까. 180° 회전시키면 두 번째 빈칸은 네 번째 빈칸이 되고, 첫 번째 칸은 다섯 번째 칸으로 바뀌겠지? 그러니까 두 번째 칸에 6이, 네 번째 칸에 9가 씌어 있으면 180° 회전시켜도 달라지지 않아. 그러니까 두 번째 칸과 네 번째 칸에 올 수 있는 수들의 조합은

(0, 0), (1, 1), (8, 8), (6, 9), (9, 6)

의 다섯 가지야. 그리고 첫 번째 칸에는 0이 올 수 없으니까 첫 번째 칸과 다섯 번째 칸에 올 수 있는 조합은

(1, 1), (8, 8), (6, 9), (9, 6)

의 네 가지가 되지. 그러니까 가능한 다섯 자릿수의 개수는

$$3 \times 5 \times 4 = 60(개)$$

이 되지.

이제 모든 수들의 합을 구하면 되겠군. 백의 자리에 0, 1, 8이 $60 \div 3 = 20$(회) 사용되었고, 십의 자리와 천의 자리에 0, 1, 6, 8, 9가 각각 $60 \div 5 = 12$(회) 사용되었고, 일의 자리와 만의 자리에 1, 8, 6, 9가 각각 $60 \div 4 = 15$(회) 사용되었으니까 다섯 자릿수들의 총합은

$(1+8+6+9) \times 15 \times 10000 + (0+1+8+6+9) \times 12 \times 1000 + (0+1+8) \times 20 \times 100 + (0+1+8+6+9) \times 12 \times 10 + (1+8+6+9) \times 15 \times 1 = 3909240$

이 돼."

셈짱은 안도의 표정을 지으며 긴 한숨을 내쉬었다. 벽은 셈짱의 엉덩이를 밀 정도로 가까이 다가왔다.

"그러니까 다섯 자릿수의 개수는 20개! 다섯 자릿수들의 총합은 3909240!"

셈짱은 다급하게 정답을 외쳤다.

순간 눈앞의 모든 장면이 바뀌었다. 공간이 사라지고 셈짱의

눈앞에는 천장이 돔처럼 생긴 조그만 방이 나타났다. 돔의 천장과 바닥의 한가운데에 검은색을 띠고 있는 조그만 돌멩이 하나가 떠 있었다. 바닥에는 동그란 원과 반지름을 나타내는 선분이 그려져 있었다. 반지름과 원이 만나는 점에는 1이 새겨져 있고 시계 반대 방향으로 2, 3, 5라는 수가 씌어 있었다.

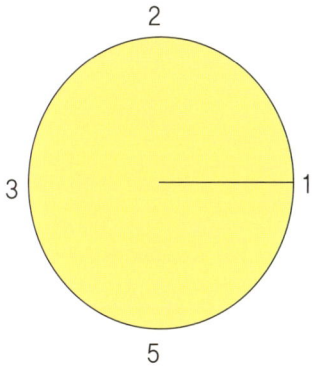

돔 천장의 중심과 바닥에 그려진 원의 중심을 이으면 정확하게 바닥과 수직을 이루었다.

"저게 매쓰톤인가? 그런데 왜 공중에 둥둥 떠 있는 거지? 저 숫자들은 또 뭐야?"

셈짱은 매쓰톤에 다가가 손으로 어루만졌다. 그리고는 아래로 잡아당겨 보았다. 하지만 매쓰톤은 꼼짝도 하지 않았다. 위로 당

기는 힘과 아래로 당기는 힘이
평형을 이루고 있는 듯했다.
"왜 안 움직이지?"
셈짱은 고개를 갸웃거렸다.
그때 갑자기 어디선가 우렁찬 목소리
가 들려왔다.
"매쓰톤을 움직이려면 원의 중심에
1, 2, 3, 5의 다음 수를 써 넣어라."
"1, 2, 3, 4가 아니라 1, 2, 3, 5?"
셈짱은 고개를 갸우뚱했다. 잘
이해가 되지 않는 수열이었다.
"가만…… 이거 어디서
많이 본 건데……."
갑자기 희미한

기억이 셈짱의 뇌리를 스치고 지나갔다.

"그래, 생각났어. 피보나치수열이야. 앞의 두 수의 합이 그 다음 수가 되는 수열 말이야. 1+2=3이 되고 2+3=5가 되니까 그 다음 수는 3+5=8이야."

셈짱은 원의 중심에 돌로 8이라고 새겼다.

순간 아무리 잡아당겨도 꼼짝 않던 매

쓰톤이 수직으로 낙하해 원의 중심으로 정확하게 떨어졌다.

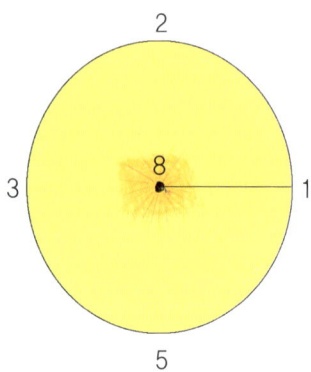

"야호!"

셈짱은 환호성을 질렀다. 그러고는 퓨처도사가 적어 준 매쓰톤의 올바른 위치 좌표를 읽었다.

(3M, 45D-C.C)

"무슨 좌표가 이렇게 복잡해?"

셈짱은 머리를 감싸 쥐며 고민해 보았지만 아무것도 떠오르지 않았다. 그러고는 잠시 원 밖에 앉아서 반짝이는 매쓰톤을 멍하니 바라보았다.

"가만…… 원의 반지름이 얼마더라?"

셈짱은 정확한 길이 측정을 할 수 있는 마법 신발을 신고 원의 중심에서 출발해 반지름을 따라 걸었다. 신발에는 5미터라는 표시가 나타났다.

"그래! M은 미터의 이니셜이야. 그러니까 3M은 원의 중심으로부터 거리가 3미터 되는 지점일 거야. 하지만 그런 곳은 너무 많이 생기잖아."

셈짱은 혼잣말로 중얼거렸다. 이제 45D-C.C를 해독하는 일만 남아 있었다.

"그렇다면 각도? 각도는 영어로 Degree니까 45D는 45도를 나타내는 게 틀림없어. 그런데 C.C는 뭐지?"

셈짱은 주먹을 불끈 쥐었다. 매쓰톤의 정확한 위치가 눈앞에 보였기 때문이다. 그러고는 자신이 공부했던 영어로 씌어진 책들에서 C가 두 개 들어가는 단어를 떠올렸다. 그때 갑자기 문득 떠오르는 단어가 있었다.

"Counter Clockwise! 그래, 시계 반대 방향!!"

즉, 매쓰톤의 정확한 위치는 중심에서 3미터, 선분에서 시계 반대 방향으로 45도 회전한 지점이었다. 셈짱은 마법 신발을 신고 3

미터의 길이를 정확하게 잰 다음 각도기로 45도를 정확하게 재서 그 지점에 매쓰톤을 올려놓았다.

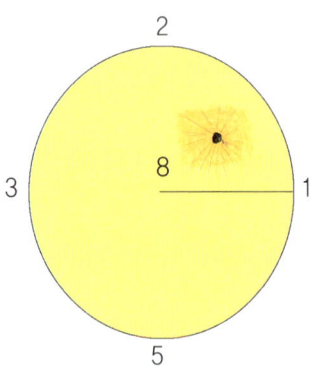

제 위치를 찾은 매쓰톤은 마치 수백 개의 다이아몬드에서 나오는 빛처럼 눈이 부실 정도로 반짝거렸다. 빛이 너무나 강해 셈짱은 눈을 뜰 수 없었다.

"매쓰톤이 제 위치를 찾았어! 하지만 리나는……."

미션을 성공시켰다는 기쁨도 잠시, 셈짱은 리나 생각에 눈물을 흘렸다.

"쓰리!"

"투!"

갑자기 카운트다운을 외치는 소리가 들렸다.

"원!"

"제로!"

마지막 소리와 동시에 셈짱은 첫 번째 위치 좌표가 있었던 플래트 사막에 서 있었다. 강한 모래 바람이 불어와 눈을 뜰 수 없었다. 아직도 사라져 버린 리나 생각에 셈짱의 마음은 무거웠다.

"셈짱!"

뒤에서 여자 목소리가 들렸다.

고개를 돌려 보니 리나와 퓨처도사, 로지 공주가 서 있었다.

"리나! 어떻게 된 거야?"

셈짱은 놀라서 눈이 휘둥그레졌다. 세 사람은 셈짱에게 다가와 활짝 웃었다.

"리나! 살아 있었구나!"

셈짱이 리나를 부둥켜안고 엉엉 울었다.

"당연히 살아 있지. 내가 그렇게 쉽게 죽을 거 같아?"

리나가 통통 튀는 목소리로 말했다.

"어떻게 된 거죠, 공주님?"

셈짱이 로지 공주와 퓨처도사를 번갈아 보며 말했다.

"그건 퓨처도사님이 설명해 줄 거예요."

로지 공주가 생긋 웃으며 말했다.

그러자 퓨처도사가 인자한 웃음을 지으며 부드러운 목소리로 천천히 입을 열었다.

"리나는 잘못된 위치에 서 있었기 때문에 시공간의 다른 지점으로 이동했어요. 우주는 공간을 나타내는 좌표와 시간을 나타내는 좌표로 이루어져 있지요. 그것을 '시공간 좌표'라고 해요. 공간을 나타내는 데는 가로 방향, 세로 방향, 높이 방향의 세 개의 수가 필요하고, 시간을 나타내는 데는 하나의 수가 필요하지요. 그러므로 시공간 좌표를 나타내는 데는 네 개의 수가 필요해요."

"하지만 지난번에 주신 위치 좌표는 세 개의 수로 이루어져 있었잖아요?"

셈짱이 의아해하며 물었다.

"그건 바닥에 있는 점을 나타내기 때문이지요. 바닥이란 높이가 0인 지점이므로 굳이 높이 방향의 수를 지정하지 않아도 돼요. 즉, (4, 3, 12)는 높이가 0인 시공간의 한 지점을 나타내는데, 리나가 다른 시간에 그 지점에 있어서 시공간의 다른 위치로 이동하게 된 거예요."

"그랬군요. 그런데 리나는 어떻게 되돌아 온 거죠?"

"그건 정말 기적과 같은 일이었어요. 마침 내가 시공간 이동 마법을 완성하여 첫 여행을 떠났는데 우주의 다른 지점에서 리나양을 발견했지요. 이렇게 될 확률은 0에 가까운데 말이에요."

퓨처도사가 숨을 몰아쉬며 말했다. 아직도 우연히 리나를 만났을 때의 놀라움에서 벗어나지 듯했다.

기적이든 우연이든 셈짱은 리나가 시공간의 미아가 되지 않고 다시 돌아온 것이 너무도 기뻤다. 로지 공주와 퓨처도사, 셈짱, 리나는 다시 매쓰피아 왕국으로 돌아왔다. 이제 사람들은 모두 정상적인 셈을 하고 있었다. 매쓰피아 왕국에는 다시 평화가 찾아왔다.

부록

정교수의 강의노트

★ 심화학습

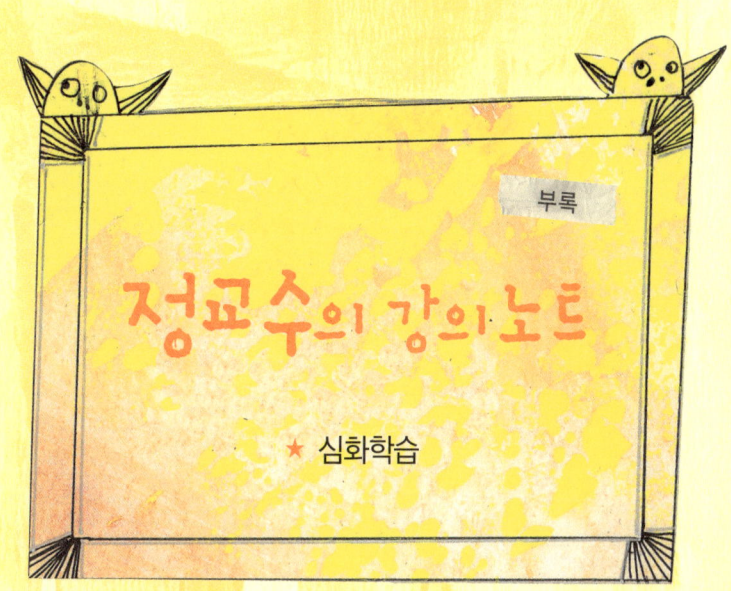

★ 심화학습 ★

1) 복면산

복면을 써서 얼굴이 가려진 사람처럼 어떤 숫자가 지워진 셈을 '복면산'이라고 합니다.

다음과 같은 셈을 보세요.

```
   1 7 8 2 5
+  3 2 8 3 □
─────────────
   5 0 6 6 1
```

여기서 □를 찾아볼까요? 5+□에서 일의 자리 수가 1이 되면 위 덧셈식이 만족되므로 □는 6이 되어야 합니다.

이번에는 곱셈 복면산의 예를 들어 보기로 해요.

```
      B A
×       7
─────────
    C A A
```

이때 A, B, C에 알맞은 수는 얼마일까요? 우선 일의 자리를 보면 A와 7을 곱해 다시 일의 자리 수인 A가 되는 경우를 보면 A×7=A를 만족하는 A는 없지요. 그러므로 A×7의 일의 자리 수가 A인 경우를 찾아보면

$$5 \times 7 = 35$$

만 가능하므로 A=5입니다.

$$\begin{array}{r} B\,5 \\ \times \quad 7 \\ \hline C\,5\,5 \end{array}$$

이제 B×7의 일의 자리와 3과의 합이 5가 되어야 하므로 B×7의 일의 자리는 2지요. 따라서 6×7=42이므로 B=6이고 C=4가 돼요.

2) 가우스 기호

가우스 기호에 대해 알아봐야겠군요. 가우스 기호는 다음과 같이 정의됩니다.

- 어떤 수 x에 대해 그 수보다 크지 않은 가장 큰 정수를 x의 가우스 기호라고 하고, $[x]$로 나타냅니다.

예를 들어 1의 가우스 기호를 봅시다. 1은 1보다 크지 않으므로 1보다 크지 않은 정수에는 1, 0, -1, -2, ⋯ 등이 있습니다. 이 중에서 가장 큰 정수는 1입니다. 그러므로 1의 가우스 기호는 1이지요.

$$[1]=1$$

이번에는 음의 정수를 볼까요? 0보다 1 작은 수는 -1, 2 작은 수는 -2와 같이 자연수 앞에 음의 부호 '-'를 붙여서 나타냅니다. -1의 가우스 기호를 보죠. -1보다 크지 않은 정수로는 -1, -2, -3, ⋯ 등이 있습니다. 이 중에서 가장 큰 정수는 -1이므로 -1의 가우스 기호는 -1입니다.

$$[-1]=-1$$

그렇다면 소수 부분이 있는 수의 가우스 기호는 어떻게 될까요? 예를 들어 2.1의 가우스 기호를 봅시다. 2.1보다 크지 않은 정수로는 2, 1, 0, -1, … 등이 있습니다. 이 중에서 가장 큰 정수는 2죠? 그러므로 2.1의 가우스 기호는 2입니다.

$$[2.1]=2$$

음수인 경우에도 소수 부분을 빼면 될까요? 예를 들어 -1.3의 가우스 기호를 봅시다. -1.3보다 크지 않은 정수에는 -2, -3, -4, … 등이 있습니다. 이 중에서 가장 큰 정수는 -2죠? 그러므로 -1.3의 가우스 기호는 -2입니다.

$$[-1.3]=-2$$

그러므로 다음과 같이 정리할 수 있습니다.

- 어떤 수 x가 A 이상이고 A+1보다 작으면 $[x]$=A이다.

3) 이진법

수를 나타낼 때 자리가 하나씩 올라감에 따라 자리의 값이 2배씩 커지게 수를 표시하는 방법을 '이진법'이라고 합니다. 이진법의 수는 $101_{(2)}$처럼 쓰고 '이진법으로 나타낸 수 일영일'이라고 읽지요. 이진법 수의 각 자리 수는 0, 1 중의 하나입니다. 이진법의 수를 2의 거듭제곱을 사용하여 나타낼 수 있는데, 다음과 같지요.

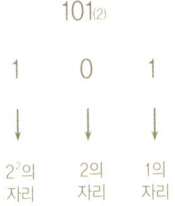

아하! 십진법에서 1, 10, 10^2, …이던 것이 1, 2, 2^2, …로 바뀌는군요. 그럼 십진법의 수를 이진법으로 나타내려면 어떻게 해야 할까요? 십진법의 수를 2로 계속 나누었을 때, 맨 마지막 것부터 나머지를 차례로 쓰면 이진법의 수가 됩니다. 예를 들어 11을 이진법의 수로 나타내 봅시다. 11을 2로 나누면 몫은 5이고 나머지는 1이므로 다음과 같이 씁니다.

```
2) 11
   ─────
    5 … 1
```

그리고 5를 2로 나눈 몫과 나머지를 같은 방법으로 씁니다.

```
2) 11
 2) 5 … 1
    ─────
    2 … 1
```

다시 2를 2로 나눈 몫과 나머지를 같은 방법으로 씁니다.

```
2) 11
 2) 5 … 1
 2) 2 … 1
    ─────
    1 … 0
```

이제 밑에서부터 거꾸로 쓰면 이진법의 수가 되지요.

```
2) 11
 2) 5 … 1
 2) 2 … 1
    1 … 0
```

그러므로 11을 이진법의 수로 바꾸면 $1011_{(2)}$가 된답니다.

진법에 관한 재미있는 문제를 봅시다.

다음 그림은 각 그림의 아래에 쓰인 숫자를 일정한 규칙에 따라 식으로 나타낸 것입니다.

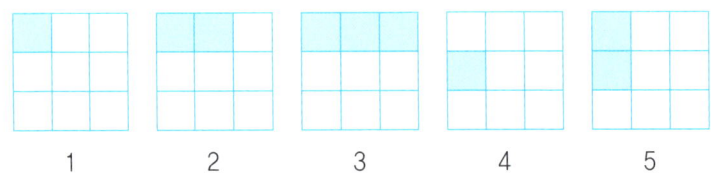

이때 다음과 같이 주어지는 A, B에 대해 A+B에 대응하는 숫자는 무엇일까요?

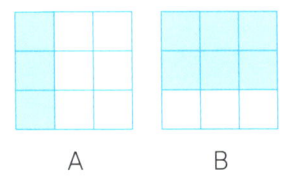

우선 규칙을 찾아야 합니다.

각 층이 세 칸으로 되어 있으므로 한 층만 보면 다음과 같이 네 가지 경우가 생깁니다.

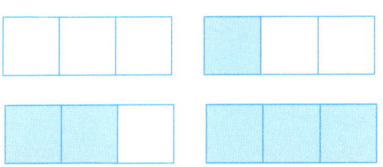

즉, 이 그림들은 4진법의 수를 나타냅니다.

그렇다면 위 그림은 0, 1, 2, 3을 나타내므로 이런 규칙에 의해

$$A = 111_{(4)}, \ B = 33_{(4)}$$

이 되고, 이것을 10진법으로 고치면

$$A = 4^2 + 4 + 1 = 21, \ B = 3 \times 4 + 3 = 15$$

가 되어 A+B = 21+15 = 36이 됩니다.

4 속력

우리 주위를 둘러보면 많은 사물들은 계속 움직이고 있습니다. 물체가 운동을 하면 시간에 따라 위치가 달라집니다. 이때 물체가 같은 시간 동안 얼마의 거리를 움직이는가를 나타내는 양이 바로 '속력'입니다. 속력은 다음과 같이 정의되지요.

$$속력 = \frac{이동\ 거리}{시간}$$

예를 들어 200m를 25초에 달린 사람의 속력은 이동 거리가 200m이고 걸린 시간이 25초(s)이므로 $\frac{200}{25}$ = 8(m/초)입니다. 여기서 m/초는 속력의 단위로, 거리의 단위 m를 시간의 단위 초로 나눈 것입니다.

속력을 정의할 때 시간으로 나누는 이유는 뭘까요? 예를 들어 에릭 군은 100m를 10초에 뛰었고, 하니 양은 200m를 25초에 뛰었다고 합시다. 누가 더 빠를까요? 두 사람이 뛴 거리가 다르므로 걸린 시간으로만 비교할 수는 없습니다. 공평하게 비교하려면 두 사람이 같은 시간 동안 간 거리를 비교해야 합니다. 두 사람이 1초 동안 움직인 거리를 비교해 봅시다.

에릭 → 100m : 10s = ☐m : 1s　　∴ ☐ = 10
하니 → 200m : 25s = ☐m : 1s　　∴ ☐ = 8

에릭 군은 1초에 10m를 이동하고 하니 양은 1초에 8m를 이동했습니다. 같은 시간(1초) 동안 에릭 군이 더 긴 거리를 이동했으므로 에릭 군이 더 빠르죠? 여기서 10과 8은 어디에서 나온 걸까요?

$$\text{에릭 군의 속력: } 10 = \frac{100}{10} \text{(m/초)}$$

$$\text{하니 양의 속력: } 8 = \frac{200}{25} \text{(m/초)}$$

이동 거리를 걸린 시간으로 나누었습니다. 이제 왜 거리를 시간으로 나누어 속력을 정의하는지 알겠지요?

속력에 관한 문제를 하나 다루어 봅시다. 다음 문제를 보죠.

A는 1분에 80m의 속력으로 걸어가고 A가 출발하고 3분 뒤에 B는 1분에 200m의 빠르기로 뛰어갔다고 합시다. 그럼 B가 출발하고 몇 분 후에 두 사람이 만날까요?

B가 출발하고 나서 x분 후에 만난다고 합시다.
거리 = 속력 × 시간을 이용하면 A는 $(x+3)$분 동안 달렸으므로 A가 간 거리는 $80 \times (x+3)$이고 B는 x분 동안 갔으므로 B가 간 거리는 $200 \times x$입니다.
둘이 만날 때 두 사람은 같은 거리를 움직였으므로

$$80(x+3) = 200x$$

에서

$$120x = 240$$

이 되고, 이것을 풀면 $x = 2$(분)가 되어 B가 출발하고 나서 2분 후에 만나게 됩니다.

다음 문제를 보죠.

A는 학교까지 왕복하는 데 갈 때는 1분에 100m의 속도로, 올 때는 1분에 200m의 속도로 간다고 합니다. 왕복하는 데 걸린 시간이 15분이면 A의 집에서 학교까지의 거리는 얼마일까요?

모르는 것이 집과 학교 사이의 거리지요? 이것을 x라고 둡시다. 그러면 속력의 정의에 따라

$$\text{갈 때 걸린 시간: } \frac{\text{거리}}{\text{속력}} = \frac{x}{100}$$

$$\text{올 때 걸린 시간: } \frac{\text{거리}}{\text{속력}} = \frac{x}{200}$$

가 됩니다. 전체 걸린 시간이 15분이므로

$$\frac{x}{100} + \frac{x}{200} = 15$$

가 되지요. 양변에 200을 곱하면

$$2 \times x + x = 15 \times 200$$

이 되므로

$$3 \times x = 3000$$

이 됩니다. 양변을 3으로 나누면

$$x = 1000$$

이 되어 집과 학교 사이의 거리는 1,000미터이지요.

5) 농도

농도에 대해 알아봅시다. 농도를 얘기하려면 두 가지 서로 다른 물질이 섞여 있어야 합니다. 예를 들어 다음과 같이 흰 바둑알과 검은 바둑알이 섞여 있다고 합시다.

○○○○○○○○●●

바둑알은 모두 열 개입니다. 흰 바둑알이 여덟 개, 검은 바둑알이 두 개입니다. 이때 전체에 대한 검은 바둑알의 비율은 $\frac{2}{10}$입니다. 이것을 퍼센트로 나타내 봅시다. 그것은 비율을 나타내는 분수에 100을 곱하면 됩니다. $\frac{2}{10} \times 100 = 20$이므로 검은 바둑알의 비율은 20%입니다. 이때 20%를 검은 바둑알의 전체에 대한 '퍼센트 농도' 또는 '농도'라고 부릅니다.

예를 들어 물속에 소금을 넣어 소금물을 만드는 경우 소금은 검은 바둑알에 대응되고, 물은 흰 바둑알에 대응됩니다. 그러므로 전체는 소금과 물을 합친 소금물이 됩니다. 그러므로 섞여 있는 소금의 비율은 소금의 양을 소금물의 양으로 나눈 값이 됩니다. 여기에 100을 곱해 % 비율로 바꾼 것을 소금의 농도라고 부릅니다. 그러니까 소금물 200g 속에 소금이 10g 포함되어 있다면 소금의 비율은 $\frac{10}{200}$이고 $\frac{10}{200} \times 100 = 5$이므로 농도는 5%가 됩니다.

다시 바둑알로 돌아가서 처음보다 검은 바둑알 여섯 개를 더 넣어 줍시다.

○○○○○○●●●●●●●●●●

이때 $\frac{8}{16} \times 100 = 50$이므로 검은 바둑알의 농도는 50%가 되어 처음보다 커집니다. 이것은 소금물에 소금을 더 넣은 경우에 해당됩니다. 물론 이때 소금물의 농도는 더 커집니다.

이번에는 처음보다 물의 양을 줄이는 경우를 봅시다. 흰 바둑알을 다섯 개 빼 봅시다.

○○○●●

이때 $\frac{2}{5} \times 100 = 40$이므로 검은 바둑알의 농도는 40%로 처음보다 커집니다. 이것은 소금물에서 물을 증발시킨 경우에 해당합니다. 물론 이때 소금물의 농도는 커지겠지요.

농도에 대한 문제를 다뤄 볼까요?

12%의 소금물 300g과 5%의 소금물 400g을 섞어 만든 소금물이 있다고 합시다. 여기에 소금 xg을 넣어 10%의 소금물이 되게 하려면 x는 얼마일까요?

심화학습 **147**

이런 문제는 소금의 양을 따지면 됩니다. 12% 소금물 300g 속의 소금은

$$\frac{12}{100} \times 300 = 36 \text{(g)}$$

이 되고, 5% 소금물 400g 속의 소금은

$$\frac{5}{100} \times 400 = 20 \text{(g)}$$

이 됩니다. 여기에 소금 x(g)를 넣으면

전체 소금의 양: $36+20+x=56+x$

전체 소금물의 양: $300+400=700$

이 되고, 그때의 농도가 10%이므로 농도의 정의에 의해

$$\frac{56+x}{700} \times 100 = 10$$

이 됩니다. 양변에 7을 곱하면

$$56+x=70$$

이 되고, 양변에서 56을 빼면

$$x=14$$

가 되지요.

또 다른 문제를 보죠.

8%의 소금물 100g이 있다고 합시다. 이 소금물에서 몇 g의 물을 증발시켜야 10%의 소금물이 될까요?

증발이란 더워진 물이 기체가 되어 공기 중으로 날아가는 현상입니다. 그러므로 증발이 일어나면 물은 줄어들지만 소금의 양은 변하지 않습니다.

증발한 물의 양을 x(g)이라고 해 보죠. 그러면 8% 소금물 100(g) 속의 소금의 양은

$$100 \times \frac{8}{100} = 8(g)$$

이고, 물을 x(g) 증발시키면 소금물의 양은

$$100 - x(g)$$

가 됩니다. 증발 후 농도가 10%이므로 이때 소금의 양은

$$(100-x) \times \frac{10}{100} \text{(g)}$$

이 됩니다. 증발 전이든 증발 후든 소금의 양은 같으므로

$$(100-x) \times \frac{10}{100} = 8$$

이 되고, 이 식을 풀면

$$x = 20$$

이 됩니다.

6 비율

비율과 관련된 문제는 퍼즐처럼 알쏭달쏭한 것이 많습니다. 여기서는 비율과 관련된 문제를 재미난 방법으로 풀어 봅시다.

A, B, C 세 사람이 게임을 해서 진 사람은 이긴 사람에게 구슬을 하나씩 주기로 했습니다. 처음에는 A, B, C 세 사람이 7 : 6 : 5의 비로 구슬을 가지고 있다가 게임이 끝난 후 확인해 보니 6 : 5 : 4의 비가 되었습니다. 이때 구슬을 딴 사람은 누구이고 잃은 사람은 누구일까요?

꽤 어려운 문제군요. 구슬이 맘대로 쪼개질 수 있다고 해 봅시다. 예를 들어 구슬 모양의 케이크처럼 말이죠. 그러므로 전체의 $\frac{7}{10}$이 있으면 0.7개의 구슬이라고 생각합시다.

A, B, C 세 사람이 7 : 6 : 5의 비로 가지고 있었으므로 A가 일곱 개, B가 여섯 개, C가 다섯 개 가지고 있었다고 합시다. 그러면 전체 구슬은 18개입니다.

여기서 가장 중요한 사실은 서로 구슬을 주거니 받거니 해도 전체 구슬의 개수는 달라지지 않는다는 것이죠.

게임이 끝난 후 세 사람이 가진 구슬의 비가 6 : 5 : 4이므로 18개를 6 : 5 : 4로 비례배분하면 됩니다.

그러면 다음과 같이 되지요.

$$A: 18 \times \frac{6}{6+5+4} = 7.2(개)$$

$$B: 18 \times \frac{5}{6+5+4} = 6(개)$$

$$C: 18 \times \frac{4}{6+5+4} = 4.8(개)$$

어랏! 7.2개? 걱정하지 마세요. 쪼개질 수 있는 구슬이니까요. 이제 세 명이 가진 구슬 개수가 어떻게 변화되었는지 살펴봅시다.

A: 7 → 7.2
B: 6 → 6
C: 5 → 4.8

그러므로 A는 구슬의 개수가 늘어난 사람이고, C는 구슬의 개수가 줄어든 사람입니다. 이렇게 쪼개어지는 구슬로 바꾸어 생각하면 어려운 비율 문제를 쉽게 해결할 수 있답니다.

 도형의 규칙성

다음과 같은 도형을 보죠.

 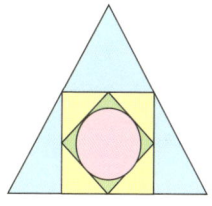  …

위와 같은 규칙으로 도형이 그려질 때 열다섯 번째 오는 도형의 그림은 어떻게 될까요?

먼저 어떤 규칙이 있는지를 잘 살펴보아야 합니다. 위 그림들은 모두 네 개의 도형으로 이루어져 있습니다. 원, 삼각형, 정사각형, 마름모 이지요.

첫 번째 그림을 보죠.

가장 바깥에 있는 도형은 원입니다. 그리고 안쪽으로 들어가면 삼각형, 사각형, 마름모가 되지요.

두 번째 그림을 보면 가장 바깥쪽에 삼각형이 있고 안으로 들어가면서 사각형, 마름모, 원이 있습니다.

이제 사각형은 '사', 마름모는 '마', 삼각형은 '삼'이라고 쓰고 바깥

에 있는 도형부터 나열해 봅시다.

그러면 첫 번째 그림은

원 - 삼 - 사 - 마

가 되지요. 마찬가지로 두 번째 그림은

삼 - 사 - 마 - 원

이 되고, 세 번째 그림은

사 - 마 - 원 - 삼

이 됩니다. 이 세 개를 차례로 써 보면 다음과 같습니다.

원 - 삼 - 사 - 마
삼 - 사 - 마 - 원
사 - 마 - 원 - 삼

어떤 규칙이 있나요? 맨 앞에 있는 도형 이름이 다음 줄에서는 맨 뒤로 가는군요. 맞습니다. 이들 그림의 규칙은 가장 바깥에 있는 도형을 가장 안쪽에 밀어 넣는 것입니다. 이 규칙대로 네 번째, 다섯 번째, 여섯 번째 그림을 나타내면 다음과 같지요.

원 – 삼 – 사 – 마

삼 – 사 – 마 – 원

사 – 마 – 원 – 삼

마 – 원 – 삼 – 사

원 – 삼 – 사 – 마

삼 – 사 – 마 – 원

어랏! 다섯 번째는 첫 번째 경우와 같고 여섯 번째는 두 번째와 같아지는군요. 15는 4로 나눈 나머지가 3이므로 열다섯 번째 오는 그림은

사 – 마 – 원 – 삼

이 되고, 그림은 다음과 같습니다.

8) 수의 규칙성

수의 규칙성에 대한 문제를 다루어 볼까요? 다음과 같이 나열된 숫자들을 보세요.

1, 3, 5, 7, …

어떤 규칙이 있다는 것을 알 수 있지요? 앞의 숫자에 2를 더하면 그 다음 숫자가 됩니다. 이런 규칙을 찾아내면 이러한 숫자들의 나열에서 일곱 번째에 오는 수를 알 수 있습니다. 7보다 2 큰 수는 9이고 9보다 2 큰 수는 11이 되므로 다음과 같이 됩니다.

1, 3, 5, 7, 9, 11, 13, 15, 17, 19, …

그러므로 열 번째 오는 수는 19가 된다는 것을 알 수 있습니다.

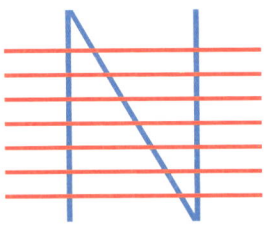

왼쪽 그림과 같이 N자 모양의 철사를 평행한 일곱 개의 직선으로 자를 때 생기는 철사 조각의 개수를 구해 봅시다. 이때 N자 모양의 철사와 직선은 반드시 세 점에서 만난다고 약

속합시다.

이런 문제를 해결하기 위해서는 처음 몇 개의 직선을 그려 보고 조각의 개수를 세어 규칙을 찾아야 합니다. 직선 한 개로 자르면 다음과 같지요.

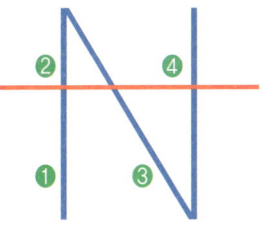

네 개의 조각이 생기는군요. 이번에는 직선 두 개로 자르면 다음과 같아요.

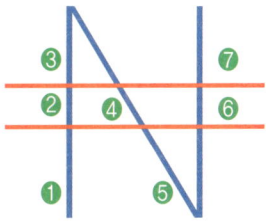

일곱 개의 조각이 생기는군요. 그러면 직선 세 개로 잘라 볼까요?

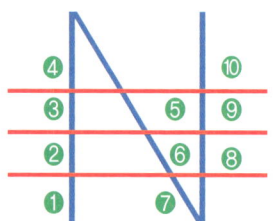

열 개의 조각이 생기는군요. 이제 이 수들을 차례로 쓰면

$$4, 7, 10$$

이 됩니다. 3씩 커지는 것을 알 수 있지요. 그러므로 직선을 여러 개로 자르면 다음과 같이 됩니다.

$$4, 7, 10, 13, 16, 19, 22, \cdots$$

아하! 일곱 개의 직선으로 자르면 철사 조각은 22개가 되겠네요.

이번에는 다음과 같은 숫자들의 나열을 보죠.

$$1, 2, 4, 8, \cdots$$

이러한 나열에서 일곱 번째 오는 수는 무엇이 될까요? 우선 규칙을 찾아봅시다.

1에 2를 곱하면 2가 되고, 다시 2를 곱하면 4가 되고, 다시 2를 곱하면

8이 됩니다. 즉, 앞에 있는 수에 2를 곱한 수가 그 다음 수가 되는군요. 이러한 규칙대로 나열하면

1, 2, 4, 8, 16, 32, 64, …

가 되어, 일곱 번째 오는 수는 64가 됩니다.

길이가 243cm인 선분이 있다고 합시다. 첫 번째 시행에서 이 선분을 3등분하여 중간 부분을 버리고, 두 번째 시행에서는 첫 번째 시행에서 남아 있는 두 선분을 각각 3등분하여 그 중간 부분을 버립니다. 이와 같은 시행을 계속할 때 다섯 번째 시행 후 남는 선분들의 길이의 합은 얼마가 될까요?

이런 문제를 해결할 때는 그림을 그려 규칙을 찾으면 됩니다.

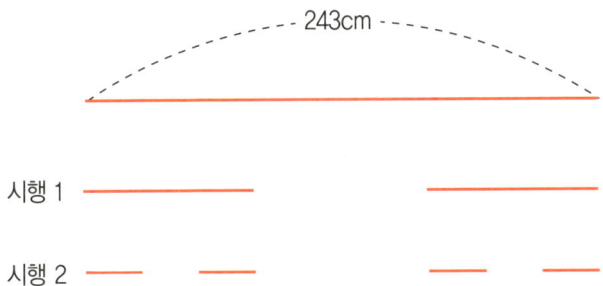

첫 번째 시행 후 243cm 길이 중에서 $\frac{2}{3} \times 243 = 162 \text{(cm)}$가 남고, 두

번째 시행에서는 162cm의 $\frac{2}{3}$가 남으므로 $162 \times \frac{2}{3} = 108$(cm)이 남습니다.

세 번째 시행에서는 108cm의 $\frac{2}{3}$가 남으므로 $108 \times \frac{2}{3} = 72$(cm)가 남습니다.

네 번째 시행에서는 72cm의 $\frac{2}{3}$가 남으므로 $72 \times \frac{2}{3} = 48$(cm)이고, 다섯 번째 시행에서는 48cm의 $\frac{2}{3}$가 남으니까 $48 \times \frac{2}{3} = 32$(cm)가 남습니다.

이번에는 다음과 같은 수의 나열을 봅시다. 이 나열에서 22 다음에 오는 수와 다음다음 수를 구해 볼까요?

1, 2, 4, 7, 11, 16, 22, …

어떤 규칙이 있나요? 서로 이웃하는 두 수의 차가 같지 않지요? 그리고 앞에 있는 수에 일정한 수를 곱해 보아도 뒤에 있는 수가 나오지 않지요?

그렇다면 아무 규칙도 없을까요?

두 수의 차를 다음과 같이 나타내 봅시다.

1 2 4 7 11 16 22 …
 ∨ ∨ ∨ ∨ ∨   ∨
 1 2 3 4 5   6

어랏! 두 수의 차가 1, 2, 3, 4, 5, …처럼 변하는군요. 그러므로 22 다음의 수는 22보다 7 큰 29가 되고, 그 다음 수는 29보다 8 큰 수인 37이 됩니다.

이번에는 다음과 같은 계산을 해 봅시다.

$$\frac{1}{1\times2}+\frac{1}{2\times3}+\cdots+\frac{1}{99\times100}$$

이 식은 어떻게 계산할까요? 분모들을 보면 연속하는 두 자연수의 곱으로 되어 있습니다. 이럴 때는 다음과 같은 공식을 적용할 수 있습니다.

$$\frac{1}{1\times2}=\frac{2}{2}-\frac{1}{2}=1-\frac{1}{2}$$

$$\frac{1}{2\times3}=\frac{3}{6}-\frac{2}{6}=\frac{1}{2}-\frac{1}{3}$$

$$\frac{1}{3\times4}=\frac{4}{12}-\frac{3}{12}=\frac{1}{3}-\frac{1}{4}$$

$$\vdots$$

$$\frac{1}{99\times100}=\frac{100}{9900}-\frac{99}{9900}=\frac{1}{99}-\frac{1}{100}$$

그러므로 주어진 식은 다음과 같이 바뀝니다.

$$\left(1-\frac{1}{2}\right)+\left(\frac{1}{2}-\frac{1}{3}\right)+\left(\frac{1}{3}-\frac{1}{4}\right)+\cdots+\left(\frac{1}{99}-\frac{1}{100}\right)$$

이것을 정리하면

$$1-\frac{1}{100}=\frac{99}{100}$$

가 되지요.

이번에는 다음과 같은 수의 나열을 봅시다.

$$1,\ \frac{1}{2},\ 1,\ \frac{1}{3},\ \frac{2}{3},\ 1,\ \frac{1}{4},\ \frac{2}{4},\ \frac{3}{4},\ 1,\ \frac{1}{5},\ \cdots$$

이러한 나열에서 $\frac{1}{5}$ 다음에 오는 수는 무엇일까요?
규칙을 찾아보기로 해요. 우선 주어진 수들을 다음과 같이 고쳐 써 보세요.

$$1,\ \frac{1}{2},\ \frac{2}{2},\ \frac{1}{3},\ \frac{2}{3},\ \frac{3}{3},\ \frac{1}{4},\ \frac{2}{4},\ \frac{3}{4},\ \frac{4}{4},\ \frac{1}{5},\ \cdots$$

규칙이 보이죠? 그러면 분모가 같은 것끼리 괄호로 묶어 볼까요?

$$(1),\ \left(\frac{1}{2},\ \frac{2}{2}\right),\ \left(\frac{1}{3},\ \frac{2}{3},\ \frac{3}{3}\right),\ \left(\frac{1}{4},\ \frac{2}{4},\ \frac{3}{4},\ \frac{4}{4}\right),\ \left(\frac{1}{5},\ \cdots\right.$$

아하! 각각의 괄호 안에서 분모가 같고 분자는 1씩 증가하는군요. 그러므로 $\frac{1}{5}$ 다음에 오는 수는 $\frac{2}{5}$가 됩니다.

이번에는 다음과 같은 상황을 생각해 보세요.

지니, 유미, 혜진, 예희 네 명이 노래방에 갔어요. 노래방에 마이크가 세 개밖에 없어 한 곡당 세 명만이 동시에 노래를 부를 수 있다고 합시다. 지니가 여덟 곡으로 가장 많이 불렀고, 예희가 다섯 곡으로 가장 적게 불렀다면 이들이 부른 노래는 모두 몇 곡일까요?

이런 문제는 가능한 모든 경우를 따져 보면 됩니다.

모두 x곡을 불렀다고 하면 한 곡에 세 명의 목소리가 들어가므로 네 사람이 부른 곡의 합은 $3 \times x$입니다. 여덟 곡이 최대이고 다섯 곡이 최소이므로 유미와 혜진은 여섯 곡 또는 일곱 곡을 불렀습니다. 그럼 오른쪽과 같이 네 가지 경우가 생기는군요.

유미	혜진
6	6
6	7
7	6
7	7

이제 나머지 두 사람이 부른 곡까지 함께 표로 만들면 다음과 같아요.

지니	유미	혜진	예희	합계
8	6	6	5	25
8	6	7	5	26
8	7	6	5	26
8	7	7	5	27

네 사람이 부른 곡의 합계($3 \times x$)가 자연수이므로 합계가 27인 경우만 가능합니다. 즉, 이들이 부른 곡은 모두 합쳐 27곡입니다.

글쓴이 정완상 교수

1962년 서울에서 태어나 1985년에 서울대학교 무기재료공학과를 졸업했습니다. 1992년 KAIST에서 중력이론으로 이론물리학 박사학위를 취득하였고, 1992년부터 현재까지 국립 경상대학교 기 과학부 교수로 재직하고 있습니다. 전공 분야는 중력이론과 양자대칭성 및 응용수학으로 현재까지 물리학과 수학의 국제 학술지에 100여 편의 논문을 게재했습니다.

저서로는 『아인슈타인이 들려주는 상대성원리 이야기』, 『호킹이 들려주는 빅뱅 이야기』, 『과학공화국 물리법정』, 『과학공화국 수학법정』, 『과학공화국 생물법정』, 『과학공화국 화학법정』, 『과학공화국 지구법정』 등이 있습니다.

그린이 조윤영

아이들을 가르치다가 동화 그림을 그리게 되었습니다. 『햇살이와 까망이』, 『지구를 떠난 더럼더럼』, 『위대한 성』, 『사다리과학』, 『신들을 웃게 한 금둥이』, 『수학편지』 등에 그림을 그렸습니다. 이 책의 그림은 콜라주로 작업했습니다.

영재들을 위한 상위10%
수학 바이러스

2010 좋은 어린이책 최우수 도서 선정

매쓰피아 왕국에서 펼쳐지는
셈짱과 리나의 수학 모험

❶ 구구몬과의 대결 　수와 연산
❷ 마법의 도형 　도형
❸ 함정에 빠진 셈짱과 리나 　문자와 식
❹ 매쓰톤의 좌표 　규칙성과 함수
❺ 게임 아일랜드 　확률과 통계

글 정완상 | 그림 조윤영 | 값 14,000원

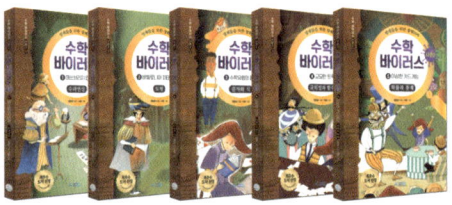

매쓰브리지 캠퍼스에서 펼쳐지는
페르와 매씨의 추리 모험

❶ 매쓰브리지 입학 　수와 연산
❷ 바빌로니아 피타고라스 　도형
❸ 수학유령의 등장 　문자와 식
❹ 교묘한 트릭 　규칙성과 함수
❺ 이상한 카드게임 　확률과 통계

글 정완상 | 그림 이화 | 값 14,000원